Je ressens, DONC je dis

DE LA MÊME AUTEURE, AUX ÉDITIONS LEDUC

Femmes à haut potentiel intellectuel et sensible, 2022

Leduc s'engage pour une fabrication écoresponsable !
« Des livres pour mieux vivre », c'est la devise de notre maison. Et vivre mieux, c'est vivre en impactant positivement le monde qui nous entoure ! C'est pourquoi nous avons fait le choix de l'écoresponsabilité. Un livre écoresponsable, c'est une impression respectueuse de l'environnement, un papier issu de forêts gérées durablement (papier FSC® ou PEFC), un nombre de kilomètres limité avant d'arriver dans vos mains (90 % de nos livres sont imprimés en Europe, et 40 % en France), un format optimisé pour éviter la gâche papier et un tirage ajusté pour minimiser le pilon ! Pour en savoir plus, rendez-vous sur notre site.

Conseil éditorial : Sophie Carquain
Édition : Isabelle Chave
Maquette : Laurie Baum
Relecture : Agnès de Livron Duhamel
Couverture : Constance Clavel
Image de couverture créée avec DALL-E
et modifiée par Constance Clavel

76, boulevard Pasteur
75015 Paris – France
ISBN : 979-10-285-3179-9

Fanny Marais

Je ressens, DONC je dis

Osez exprimer
vos émotions, avec tact
et transparence !

LEDUC

Sommaire

« Pourquoi est-ce qu'à chaque fois
que quelqu'un parle avec un minimum de sincérité,
tout le monde le trouve dingue ? »

Deux jours à tuer (2008)

Préface

par Rémi Uzzan,
fondateur d'Othentik

Nous vivons aujourd'hui dans l'ère du « je crois donc j'ai raison ». Nos jugements individuels se juxtaposent et chacun, notamment sur les réseaux sociaux où règnent les opinions, tente souvent de l'emporter.

Pourtant, la recherche de la vérité suppose que nous parvenions à dissocier ce qui est, du langage que nous employons pour décrire cette réalité. La vérité exige donc que nous abandonnions l'opinion.

Les ressentis, eux, ne mentent pas ! Mais encore faut-il savoir comment les exprimer pour qu'ils soient une boussole pour nous et un don à l'autre.

Le livre de Fanny Marais nous met sur la voie d'un partage à la fois authentique et sensible, dans la juste émotion, sans retenue ni débordement.

À sa lecture, j'ai tout de suite pensé à la chanteuse Louane, elle qui a su parler ouvertement et généreusement de son trouble déficitaire de l'attention. Ce faisant, elle a suscité un élan dans le public et est devenue une des ambassadrices de ceux qui sont « câblés » autrement. Fanny Marais aborde dans ce livre le cas particulier de ces profils neuroatypiques, en explorant méticuleusement leur rapport complexe aux émotions et en allant au-delà de certaines idées reçues.

Lorsque j'ai moi-même choisi de révéler mon trouble bipolaire, faisant de cette particularité un pilier fondateur d'Othentik, l'agence d'innovation par la singularité que j'ai fondée, j'ai fait vœu d'authenticité. Être authentique, c'est créer un espace sécurisé qui autorise les autres à être eux-mêmes. Le livre revient d'ailleurs sur cette condition *sine qua non* d'une expression sereine des émotions.

C'est en entreprenant cette démarche d'incarnation d'une forme d'authenticité que j'ai rencontré Fanny.

Ensemble, nous tentons aujourd'hui de façonner une approche innovante, promettant de libérer des potentiels singuliers et inexploités au sein des entreprises.

Ce monde du travail ne laisse pas toujours la place aux émotions. Mais Fanny s'efforce de vous livrer des clés pour y naviguer avec plus de sérénité. Elle creuse aussi le rôle de nos émotions dans la sphère privée, en tissant habilement des liens entre la littérature, le cinéma, la musique, l'humour, afin de nous démontrer comment la transparence peut aller de pair avec la bienveillance !

Grâce à son expérience approfondie du coaching, Fanny insuffle de la vie à ces concepts, partageant des anecdotes vécues par ses clients et assurant ainsi la clarté de son cheminement.

Elle nous engage, au fil de ces pages, à oser le parler-vrai.

Je vous invite, à mon tour, à prendre le temps d'explorer avec elle ces paysages pluriels de l'expression émotionnelle pour vous autoriser à être vous-même !

Préambule

« Où vont nos silences quand nous ne disons plus ce que nous ressentons ? »

Cette question est posée dans les années 1960 par Mafalda, la plus adulte des enfants.

Sous les traits de son créateur argentin Quino, ce personnage de bande dessinée ne ressemble en rien à ses congénères, jeunes êtres innocents aux prises avec leurs émotions… Elle, elle sait que nos ressentis doivent être verbalisés pour ne pas nous ronger de l'intérieur !

Sur la planche esquissée par le dessinateur, la maîtresse, à qui Mafalda pose cette question au beau milieu de la classe, semble effarée face à tant de maturité émotionnelle. Mais, celle-ci attend-elle vraiment le nombre des années ?

L'expression émotionnelle ne serait-elle pas plutôt une question de choix, voire d'entraînement ?

Vous noterez d'ailleurs que la petite fille de six ans s'interroge sur le fait que nous ne communiquons PLUS nos ressentis, ce qui peut laisser croire que nous l'avons fait par le passé.

Il se peut toutefois qu'un jour, pour une raison qui nous est propre, nous ayons décidé de taire nos émotions.

Était-ce une stratégie pour nous protéger ? Une volonté de ne plus nous dévoiler, car nous en aurions souffert dans le passé ?

Il est aussi possible que cette répression émotionnelle soit tout simplement le résultat de la mauvaise réputation qu'ont les émotions. Ces flots indéfinissables qui nous traverseraient sans crier gare, nous feraient perdre le contrôle et passer pour faibles… Autant de croyances qui peuvent nous pousser à les ignorer délibérément !

Mais, les émotions ont-elles toujours eu mauvaise presse ?

L'ERREUR DE DESCARTES

C'est le titre du livre du neuroscientifique et psychologue portugais Antonio Damasio, publié en 1994[1]. Son sous-titre *La Raison des émotions* annonce la couleur, à savoir la fin du dualisme cartésien qui sépare l'esprit de la matière.

Damasio réhabilite, dans son ouvrage, le rôle des émotions dans la prise de décision et dans la pensée humaine. Il soutient que les émotions ne sont pas distinctes de la raison, affirmant

---

1. *L'Erreur de Descartes. La raison des émotions*, Odile Jacob, 1994.

que ces deux aspects de l'expérience humaine sont intrinsèquement liés.

Plus près de nous, le docteur en neurosciences français d'origine libanaise Albert Moukheiber parle d'une dyade affects-cognition qui fonctionnerait inévitablement de pair. Lors d'une conférence qu'il a donnée à Paris en septembre 2023[2], il rappelle que la conscience a besoin de raison ET d'émotions pour pouvoir raisonner et que le cerveau est un tout d'émotions et de cognition.

Descartes lui, établissait, à travers la formule devenue célèbre : « Je pense, donc je suis[3] », la supériorité de la rationalité sur les ressentis, mettant ainsi un coup d'arrêt, en 1637, à la période médiévale et à la Renaissance, durant lesquelles l'expression émotionnelle faisait partie intégrante des arts et des lettres.

Au tournant du XXe siècle, la psychanalyse de Freud met en garde contre les conséquences d'émotions refoulées pour l'être humain. Il en sera notamment question après les deux conflits mondiaux qui pousseront les populations à s'interroger sur leurs traumatismes, individuels et collectifs.

Il faudra ensuite deux générations pour que des chercheurs commencent à se pencher sérieusement sur le rôle de nos émotions.

2. « Nos émotions sont-elles contrôlées par la raison ? » (Conférence MK2 Institut).
3. *Le Discours de la méthode*, 1637.

Au moment même où Antonio Damasio réfléchit à la théorie de Descartes, un Américain du nom de Daniel Goleman écrit un ouvrage qui fera date : *Emotional Intelligence : Why It Can Matter More than IQ*[4]. Il explique que nos émotions peuvent nous rendre intelligents, au sens littéral du terme, c'est-à-dire nous aider à mieux comprendre le monde qui nous entoure, nous-mêmes et les autres.

Du latin *ex-movere*, les émotions nous mettent en mouvement vers cette connaissance. Ce sont aussi nos gardes du corps, comme le disait A. Damasio, car elles peuvent, par exemple, nous avertir d'un danger. En présence de ce dernier, l'émotion ressentie, la peur, va se traduire par des ressentis physiques (frissons, sueur, rythme cardiaque accéléré…). En recevant ce stimulus, certains d'entre nous se figeront, d'autres fuiront, quelques-uns combattront le danger. Mais notre besoin sera le même : préserver notre vie.

Depuis trente ans, ces études sur les émotions et l'intelligence émotionnelle en particulier ont pénétré les sphères éducatives, familiales, puis professionnelles. Elles soulignent le rôle crucial des émotions dans notre existence et insistent sur l'idée d'une communication émotionnelle comme facteur de bien-être et de relations épanouies.

Ainsi, après des années d'aridité émotionnelle, la bienveillance serait revenue au cœur des échanges.

4. Bloomsbury Publishing PLC, 1996.

C'est une intention ô combien louable, mais qui peut se transformer, çà et là, en un simple effet d'affichage…

Alors si notre communication devient aseptisée, comment pouvons-nous encore nous dire les choses ?

Introduction

Pour peu que vous vous intéressiez un tant soit peu au développement de votre personne, vous avez forcément entendu parler de communication bienveillante (ou CNV[5]), de *soft skills* et d'expression de ses émotions. Le monde du travail s'y est mis lui aussi, avec plus ou moins de succès… Il existe même des programmes d'accompagnement de conjoints violents à qui des psychologues s'efforcent d'expliquer le respect de l'intégrité de la personne humaine[6].

Cette communication bienveillante deviendrait-elle une évidence ? À l'opposé, nous avons bien souvent l'impression de passer nos vies à ne pas nous comprendre les uns les autres et à nous malmener !

---

5. Communication NonViolente®.

6. Reportage de France 2 du 1er août 2023 au sein du service de contrôle judiciaire et d'enquête de Lille.

Sur le papier, cela paraît pourtant aisé : je ressens des émotions, je les accepte, je les exprime et le tour est joué ! Oui, mais, dans la pratique, ça donne plutôt : je ressens des émotions, mais je n'en prends pas conscience ou alors à retardement. Une fois qu'elles sont passées par mon cortex cérébral, j'en fais des pensées qui viennent juger mes émotions et me font douter de mes propres ressentis. Tant bien que mal, je finis par me dire qu'il faut bien que je partage ces émotions pour mon bien-être et pour ne pas les faire rejaillir sur mon entourage. Pourtant, à partir de là, un écart va bien souvent se creuser entre ce que je veux dire (qui pourrait franchement venir nourrir un livre en dix volumes !), et ce que je finis par dire, qui n'est guère plus épais qu'un carnet qu'on glisserait dans la poche de son jean.

Finalement, une fois que j'ai pris mon courage à deux mains et que, cahin-caha, j'ai tenté de m'exprimer, la personne en face de moi peut finir par comprendre ce qu'elle a envie de comprendre, surtout si elle a peu écouté… sans compter qu'elle risque de déformer mes propos…

Bref, à quoi bon dire ce que je ressens dans ces circonstances ?

Il est certain que cela ne semble pas toujours être le chemin le plus simple vers la tranquillité… Et pourtant, l'expression émotionnelle a de multiples bienfaits : une forme de soulagement dans un premier temps né de ma fierté d'avoir osé, un bien-être physique résultant de ma parole libérée et à terme, un potentiel apaisement social.

Cela demande toutefois du courage car, dans l'échange, il y a cet autre qui n'est pas vous et qui peut ne pas vous comprendre. C'est un risque que vous prenez en assumant votre part de responsabilité dans la relation. Alors, il est facile parfois de se demander pourquoi vous feriez cet effort et pas l'autre. Probablement parce que vous ne pouvez agir que sur vous-même, et que cette démarche vous l'entreprenez pour vous avant tout.

L'INTENSITÉ DES RESSENTIS ÉMOTIONNELS

Elle a bien évidemment aussi un impact sur la façon dont nous exprimons nos émotions.

Je pense notamment aux personnes neuroatypiques : si celles qui se situent sur le spectre de l'autisme pourront éprouver parfois des difficultés à nommer leurs émotions, les hypersensibles les ressentiront à 200 % et auront plus facilement tendance à en parler. Mais ce n'est pas systématique, car entre ce qu'elles ressentent et ce qu'elles disent viennent s'interposer toutes les croyances et les interdits qu'elles ont intégrés depuis l'enfance. Elles peuvent ainsi craindre de s'affirmer, préfèrent se taire par peur de blesser et mettent leurs émotions sous le tapis. D'autres seront plus « cash » et auront de la facilité à dire « la » vérité. Fatiguées qu'elles sont de cette mascarade sociale, elles préféreront appeler un chat un chat, parce que ce monde manque cruellement de transparence !

Alors, comment navigue-t-on entre ces deux extrêmes ? La réalité est-elle réductible à cette dualité ?

Bien évidemment que non. Il existe une foultitude de nuances et de moyens qui nous permettent de verbaliser ce que nous ressentons. Les humoristes et autres artistes en savent quelque chose, eux qui sont passés maîtres dans l'art de dépeindre et d'extérioriser les émotions !

À charge pour chacun finalement d'apprendre à exprimer ses émotions de la façon la plus appropriée pour maximiser les chances que les différents interlocuteurs les entendent (et éventuellement les comprennent et les acceptent).

Pourtant, cela ne peut suffire. En effet, si nous nous exprimons sans savoir pourquoi nous le faisons, nous risquons de manquer notre objectif. Pire, si nous ne réalisons pas la place que prennent les émotions dans notre vie, alors nous ne savons pas vraiment qui nous sommes.

Elles sont, comme l'écrivait Sartre, « un mode d'existence de la conscience[7] ». Elles nous révèlent à nous-mêmes et c'est à travers elles que nous définissons notre identité.

C'est pourquoi nous devons déjà les écouter nous murmurer qui nous sommes avant de les révéler au grand jour.

Ainsi, si le fait d'exprimer nos émotions semble le parfait moyen de conserver des relations saines (en considérant que c'est ce que nous recherchons !), les frontières entre bienveillance,

7. *Esquisse d'une théorie des émotions*, Hermann, 1939.

franc-parler et authenticité restent à définir et nous allons nous y atteler dans ce livre !

CHAPITRE 1

L'expression émotionnelle : entre retenue et débordement

« Les émotions non exprimées ne meurent jamais.
Elles sont enterrées vivantes et libérées plus tard
de façon plus laide. »

C'est ainsi que Freud illustrait ce qu'il a appelé pour la première fois en 1895 le « refoulement émotionnel », à savoir le fait de bloquer des émotions qui pourraient potentiellement nous porter préjudice.

Les émotions ont eu, disons-le, plus souvent mauvaise que bonne réputation. Elles apparaissaient ainsi chez Platon sous la forme d'un cheval que le cavalier (la raison) devait s'efforcer de dompter.

Et les mythes ont la peau dure. Si bien que dans le monde professionnel, comme dans la vie personnelle, nous pensons souvent que nos émotions font de nous des êtres faibles, en proie à des manifestations extérieures qui viennent brouiller notre vision. Il y aurait même des émotions mauvaises, telles que la colère, qu'il faudrait s'escrimer à ne pas ressentir.

Heureusement, depuis les années 1990, une réhabilitation des émotions s'est opérée pour expliquer qu'on ne peut, en tant qu'êtres de chair, s'empêcher de les ressentir et que, par conséquent, les refouler peut nous mener à notre perte.

Marshall Rosenberg, le pape de la Communication NonViolente (CNV), et son disciple, Thomas d'Ansembourg, ont souligné le fait que toutes les émotions nous indiquent nos besoins sous-jacents. Il n'y aurait donc pas de bonnes ou de mauvaises émotions. Albert Moukheiber explique d'ailleurs que les émotions sont des états biologiques involontaires qui sont reconnaissables par des marqueurs somatiques (elles passent par le corps) et qu'elles ont une fonction principale : nous éloigner de ce qui est désagréable et nous rapprocher de ce qui est agréable.

Ces différents courants de pensée ont envahi le monde de l'entreprise qui parle aujourd'hui bien volontiers de *soft skills*, ou de « compétences douces » (je préfère pour ma part parler de « compétences comportementales »), en comparaison des *hard skills*, les compétences techniques.

Nous serions ainsi passés d'un extrême à l'autre, de la retenue au débordement, avec plus ou moins de succès…

LES RISQUES DE LA RÉPRESSION ÉMOTIONNELLE

La répression des émotions est un mode de protection – conscient ou non – de la part de la personne qui la met en œuvre. Elle se dit qu'en masquant ses émotions, elle s'en sortira mieux en toutes circonstances : elle sera moins impulsive, moins lisible, moins déstabilisée, elle gardera le contrôle et souffrira moins.

Mais malheureusement, c'est bien souvent l'inverse qui se produit et ce sont ses émotions qui finissent par la contrôler. Elle devient leur esclave, pour ainsi dire.

De la pudeur à la froideur

J'en veux pour preuve l'exemple d'une cliente (qu'on appellera Emmanuelle[8]) avec qui je viens de raccrocher avant de me remettre à l'écriture de cet ouvrage.

Je lui ai fait passer un inventaire de quotient émotionnel[9] car, après un premier échange avec elle, j'ai senti qu'elle était complètement bloquée au niveau de ses émotions. Il en ressort, en effet, que cette quadragénaire a choisi délibérément, depuis quelques années, de se couper de ses émotions pour ne plus en pâtir. Elle se sait très sensible et ne supporte plus de pleurer

---

8. Dans le but de préserver l'anonymat des personnes citées, et avec leur accord, j'ai un peu modifié les témoignages de mes clients (ce sont exclusivement des clients avec qui je travaille en direct).

9. « Emotional Quotient Inventory (EQ-i) », questionnaire créé par le chercheur et psychologue israélien Reuven Bar-On, en 1997, qui permet de définir de façon complète un profil d'intelligence émotionnelle à l'instant T.

dès qu'un sujet la touche dans une interaction interpersonnelle, surtout au travail.

Comme le montre le schéma ci-dessous, la conscience qu'elle a de ses émotions étant très faible, elle ne s'autorise pas à les manifester auprès des autres et elle finit par avoir une communication assez « cash », aux dires de ses collègues. Il peut même lui arriver de s'emporter, alors qu'elle essaie à tout prix d'éviter cela, car elle exècre le conflit. Elle finit donc par provoquer ce qu'elle cherchait à éviter et s'en veut d'autant plus.

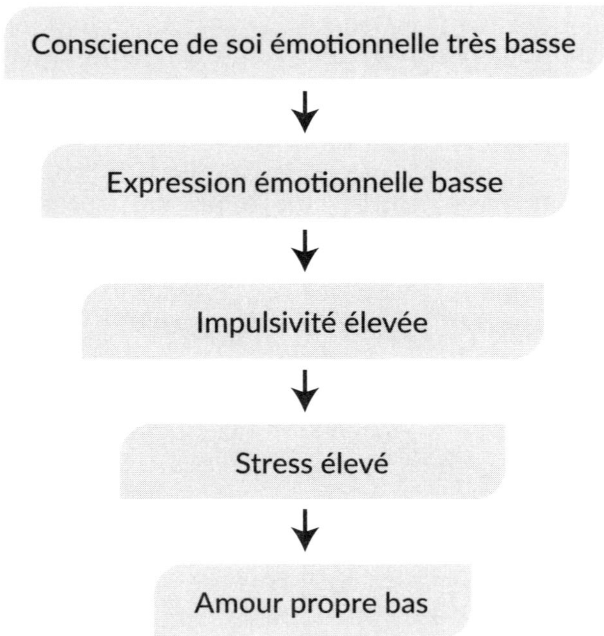

Les émotions à la porte de l'entreprise

Ce cercle vicieux se retrouve assez fréquemment en entreprise, notamment parce que pendant des années, il a été dit que les émotions devaient rester à la porte de celle-ci. Ce qui est proprement impossible, car nous ne pouvons déposer notre tête sur le portemanteau le matin pour la récupérer le soir en partant. Pourtant, certains vous diront l'inverse : ils arrivent parfaitement à se couper de tout ressenti au travail. Mais lorsque vous les interrogez en profondeur, ils vous disent aussi que leurs émotions peuvent fréquemment ressortir dans la sphère privée. En résumé, c'est l'entourage qui trinque (c'est quand même dommage de préserver ses collègues au détriment des personnes avec qui nous partageons notre vie…), puisque comme l'expliquait Freud, ces émotions ne peuvent disparaître. Elles finissent soit par rejaillir plus tard, sur d'autres personnes, à propos d'un sujet qui semble pourtant ne rien avoir en commun avec ce qui se sera passé au travail, soit elles abîment de l'intérieur ceux qui les auront étouffées. Nous y reviendrons plus tard.

On ne peut donc traverser la vie sans ressentir. Des émotions sont présentes à chaque interaction : un client vous agresse en rendez-vous, un collaborateur s'emporte en réunion, un manager vous fait un retour positif sur votre travail. Vous allez alors ressentir de l'agacement, de l'impatience, de la joie. Mais il est possible que vous n'en preniez pas conscience.

Si certains font en sorte de ne pas prêter attention à leurs émotions au travail, c'est aussi parce qu'ils craignent que leurs équipes se mettent à moins les respecter ou à leur parler de leur vie privée. C'est une confusion qu'on entend souvent : « Ah non, je n'exprime pas mes émotions sinon il n'y a plus de limite entre la vie pro et la vie perso. »

Sauf que l'expression émotionnelle n'a rien à voir avec le fait de parler de sa vie personnelle.

Prenons l'exemple suivant :

> **« Quand tu es intervenu sur ce sujet en réunion hier, cela m'a surpris car... »**
>
> Je pars d'un fait précis et je décris ce qu'il a provoqué en moi, à savoir ici de la surprise, qu'on a pour habitude de désigner comme émotion primaire, ou « basale », si je reprends le vocabulaire de Jacques Cosnier[10], docteur en médecine et professeur émérite de psychologie des communications à l'université Lumière de Lyon.

On voit bien qu'il est possible de mettre un mot sur une émotion sans être obligé de parler de soi.

UNE DÉFINITION DES ÉMOTIONS

« Les "émotions", *stricto sensu*, désignent uniquement les émotions dites "basales" ou "primaires" ou "modales", telles la peur, la surprise, la colère, la joie, la tristesse,

10. *Psychologie des émotions et des sentiments*, icar.cnrs.fr, 2015.

le dégoût et quelques autres [...]. Leurs caractéristiques sont d'être des processus dynamiques qui ont un début et une fin, et une durée relativement brève. Ces phénomènes "phasiques" sont causés par des événements précis et généralement inattendus ou improbables. Les "sentiments" tels que l'amour, la haine, l'angoisse, entre autres, se distinguent nettement des précédents par leurs causes plus complexes, par leur durée plus longue, et leur intensité généralement plus modérée. Bien que souvent construits sur une fixation affective à des objets précis, ils persistent et sont vécus même en l'absence de ces objets. »

J. Cosnier, *Psychologie des émotions et des sentiments*, icar.cnrs.fr, 2015.

Alors une fois cette confusion mise de côté, une fois qu'on a compris que si on souhaite éviter le conflit, il vaut mieux dire ce qu'on ressent plutôt que de laisser nos émotions exploser plus tard (le fameux effet cocotte-minute...), pourquoi 40 % des salariés disent-ils continuer à masquer souvent leurs émotions au travail[11] ?

À en croire Emmanuelle, la carapace qu'elle s'est bâtie depuis toujours pour ne pas dévoiler sa vulnérabilité (suivant la croyance selon laquelle la vulnérabilité équivaut à de la faiblesse ou parce qu'elle ressent un sentiment fort de décalage avec son entourage)

11. J. Stage, « Emotions in the Workplace : How to Deal with Emotions at Work », *Quantum Workplace*, 2021.

lui colle désormais à la peau. Il y a une part d'elle qui aimerait pouvoir s'en délester un petit peu. Mais elle ne sait pas par où commencer, car personne ne lui a appris à raisonner en termes de besoins (rappelons que, derrière chaque émotion, il y aurait un besoin, selon Marshall Rosenberg[12] mentionné plus haut). On pense aussi, parfois, qu'affirmer ses besoins au travail, surtout pour une femme, c'est indécent. Donc on se transforme en robot froid et mécanique et on débite des phrases du type :

> **« On n'est pas là pour parler de ses états d'âme. »**
>
> **« Le boulot c'est le boulot ; les émotions je les garde pour l'extérieur. »**
>
> **« Je suis manager, pas psy. »**
>
> **« Je n'ai pas envie que mes collaborateurs croient que je suis leur ami. »**

On peut, par conséquent, retrouver en entreprise des managers qui musellent leurs ressentis et ceux de leur équipe, s'empêchant ainsi de bâtir des relations de travail saines et authentiques.

C'est l'inverse de ce qui est prôné par le chef d'entreprise et auteur du *Syndrome du poisson-lune*[13] : « Combien de conflits se règlent simplement parce qu'on s'autorise à ressentir, et donc à partager, ne serait-ce qu'un moment, la détresse qui s'exprime chez notre interlocuteur ? »

---

12. *Les mots sont des fenêtres (ou bien ce sont des murs)*, La Découverte, 1999.
13. *Le Syndrome du poisson-lune,* Actes Sud, 2015.

Emmanuel Druon pointe ici que le manque d'expression émotionnelle peut, bien souvent, s'accompagner d'un manque d'empathie. Comment pourrais-je en effet être à l'écoute des émotions des autres si je ne suis pas moi-même attentif aux miennes ? (Il existe toutefois des exceptions chez les personnes très sensibles qui se laissent de côté au bénéfice des autres.)

Une autre raison préside à l'effacement des émotions au travail : la volonté de garder la tête froide pour être performant ! Poussé à l'extrême, c'est l'exemple du chirurgien qui, habitué à se couper de ses émotions pour opérer, ne parvient plus à s'y connecter au moment de parler à ses patients ou à leurs familles. Pourtant, la croyance selon laquelle la raison ne doit pas être embrumée par des émotions au moment de prendre des décisions n'a cessé d'être contestée. C'est notamment le professeur de psychologie et d'économie comportementale israélo-américain Dan Ariely qui a expliqué que la raison n'est pas plus fiable que les émotions ! Nous avons besoin de notre capacité à raisonner, ainsi que de nos ressentis et intuitions pour avoir une vision complète de la réalité qui nous permettra de prendre des décisions et de résoudre des problèmes de façon assurée[14].

Eh oui ! Contrairement à ce qu'on peut entendre çà et là, les biais cognitifs ne sont pas dus à nos émotions !

« On n'a pas besoin des émotions pour pourrir notre raison ! »

Albert Moukheiber

---

14. *We Are Predictably Irrational : The Hidden Forces That Shape Our Decisions*, Barnes & Noble, 2008.

Par ailleurs, rappelons qu'un ressenti ne peut être nié. Il est là, il existe bel et bien et se manifeste dans notre corps. Vous ne vous imagineriez pas contester le fait que quelqu'un ait eu peur de se faire écraser par une voiture qui arrivait à vive allure au moment où il traversait la rue ? Donc, on ne peut pas non plus nier le fait qu'il ressente de la colère, de la joie, de la surprise au cours d'une journée de travail et disqualifier les marqueurs physiques qui sont venus l'alerter sur ces émotions.

Mais certains ne sont pas prêts à tomber l'armure pour autant, par peur de la digue qui rompt. Alors que c'est justement cette illusion du contrôle qui peut leur faire perdre les pédales. C'est parce qu'ils s'empêchent parfois d'aller chercher des moyens (ou qu'ils ne les ont pas trouvés) de comprendre ce qu'ils vivent qu'ils s'emmurent dans ce monde aseptisé qui les rassure et les isole en même temps.

Les émotions sous le tapis

Je ne pourrais vous dire le nombre de fois où des clients (plus souvent des hommes il faut le dire...) m'ont avoué en rendez-vous avoir radicalement changé leur façon de se connecter à leurs émotions après avoir vécu un drame personnel. C'est dommage de devoir attendre d'en arriver là, vous en conviendrez...

François : C'est la même chose à la maison

« J'ai pensé pendant des années que de ne pas aller sur le terrain des émotions me préserverait des soucis avec mon équipe. Mais

en fait le résultat était inverse : elle me voyait comme quelqu'un de peu empathique, de froid.

C'est d'ailleurs aussi ce que ma femme me reprochait. Elle avait l'impression que je faisais semblant de m'intéresser à elle. En vérité, je n'étais pas à l'aise avec les émotions. Elles m'encombraient et me rendaient gauche. J'avais même la sensation parfois qu'elles pouvaient me faire perdre en virilité ! Certainement une question d'éducation…

Mais quand ma femme est tombée gravement malade, j'ai été obligé d'apprendre progressivement à être à l'écoute de ce qu'elle vivait et de ce que moi je ressentais dans cette situation inédite pour nous deux. Je me suis fait aider et la personne qui m'accompagnait m'a incité à réfléchir à mes besoins et à ceux de ma femme dans cette épreuve que nous traversions ensemble. »

Malheureusement oui, François, c'est bien souvent une question d'éducation et de traitement différentiel entre les sexes. Pendant plusieurs générations, on a plutôt été habitué, dans la sphère privée, à voir les femmes parler de leurs émotions (mais ce n'est pas systématique !) et les hommes les taire. Depuis la vague #metoo, et si nous devions forcer le trait, davantage d'hommes s'autorisent à se (re)connecter à leur sensibilité. Mais des femmes refusent aussi maintenant qu'on les définisse par la notion d'émotions. Elles se parent parfois d'attributs dits « masculins », tels que la froideur et la rationalité pure (qui est illusoire…).

Mais revenons à François. Comment a-t-il fait pour se reconnecter à ses émotions ? Il nous apporte la réponse dans son témoignage : il s'est concentré sur ses besoins.

LES BESOINS

Dans une conférence qu'il a donnée en 2000 à Genève[15], Marshall Rosenberg relate l'histoire d'un couple qui était venu le voir en thérapie. Cela faisait trente-neuf ans qu'ils se reprochaient les mêmes choses : lui disait à sa femme qu'elle dépensait trop, elle lui rétorquait qu'il ne la laissait pas vivre.

En vingt minutes et après leur avoir fait comprendre que tant qu'ils porteraient des jugements sur chacun, ils ne pourraient pas avancer, le psychologue américain fondateur de la Communication NonViolente s'est rendu compte qu'aucun des deux n'était capable de dire quel était le besoin de son conjoint/de sa conjointe dans la situation présente. Il avait beau le leur demander, chacun répondait en formulant des reproches envers l'autre.

Au terme de leur discussion, il les a amenés à comprendre que le mari était inquiet pour leurs finances et qu'il avait par conséquent besoin d'être rassuré. Là où sa femme était agacée qu'il la voit comme une écervelée et qu'elle avait besoin qu'il lui fasse confiance.

15. La relation de couple, traduite en français par Anne Bourrit, *https://www.youtube.com/watch?v=8LbQ8Udx7eg&t=1672s*.

Si ce couple, comme tant d'autres, a rencontré des difficultés à se comprendre pendant des années, c'est parce que personne ne leur a appris à raisonner en termes de besoins. Ils leur permettent pourtant de savoir ce qui est touché, vivant en eux. Mais, la plupart du temps, il est plus rapide de mettre des étiquettes sur les autres que de nous concentrer sur ce que nous ressentons afin que nous puissions le verbaliser.

Alors, je vous propose de prendre quelques minutes et de réfléchir à un sujet qui vous préoccupe actuellement.

Essayez de regarder dans la liste non exhaustive ci-dessous si certains de ces besoins pourraient être les vôtres :

- **Autonomie** : affirmation de soi, indépendance, liberté, solitude.
- **Énergie** : affection, chaleur, tendresse, toucher.
- **Intégrité** : authenticité, estime de soi, honnêteté.
- **Expression** : créativité, découverte.
- **Lien** : appartenance, communication, connexion, contact, écoute, intimité, partage.
- **Réflexion** : clarté, compréhension, stimulation.

Sachez que ces besoins, en fonction de s'ils sont assouvis ou non, provoquent chez vous différents sentiments : confiance, reconnaissance, satisfaction, tranquillité, ou alors anxiété, frustration, hostilité, impuissance, etc. Une fois qu'on reconnaît ce qu'on vit et qu'on s'habitue ensuite à mettre des mots sur ce qu'on ressent cela nous permet de développer de meilleures compétences relationnelles, comme l'a souvent expliqué Isabelle Filliozat[16].

Rosenberg prend un autre exemple dans sa conférence, celui de la femme (et je pense que cela parlera à beaucoup de personnes ici) qui considère que son mari devrait savoir ce qu'elle attend, quels sont ses besoins. Après tout, il vit avec elle au quotidien, il devrait être en mesure de décrypter quand même ! Sauf que ce qui n'est pas dit… n'est pas su… et que personne n'est dans votre tête. Donc on ne peut pas reprocher à l'autre de ne pas avoir compris si nous n'avons pas fait l'effort de dire… C'est comme attendre une réponse sans avoir posé de question.

Après, Mesdames, je vous rejoins sur le fait que certains hommes vous « liront » mieux que d'autres, notamment s'ils sont eux-mêmes connectés à leurs propres émotions.

Mais que signifie au juste « être connecté » à ses émotions ?

LA CONNEXION À SOI

- Soyez attentif au fait que vous êtes en train de vivre une émotion dans votre corps.

Exemple : Vous sortez d'une discussion houleuse et votre corps est tendu, vous soufflez et pestez.

16. *Les Autres et Moi. Comment développer son intelligence sociale*, JC Lattès, 2009.

- Acceptez que vous soyez passablement agacé par la discussion que vous venez d'avoir.
- Prenez 3 minutes pour essayer d'identifier ce qui a déclenché votre agacement.

Exemple : Vous n'êtes pas agacé à cause de votre interlocuteur, mais parce que ce dernier a abordé un point qui vous a fait dévisser, qui vous a renvoyé à une source d'agacement fréquente chez vous.

- Prenez le temps de laisser redescendre cet agacement et décidez ce que vous voulez en faire.

Exemple : Vous pouvez décider de réfléchir à ce point sensible chez vous qui, lorsqu'il est touché, vous fait systématiquement vous emporter (il faudra donc aller chercher du côté du besoin non respecté…). Ensuite, vous pourrez en reparler avec votre interlocuteur si nécessaire afin de déminer le terrain entre vous.

On en revient au fait que se distancier de ses émotions n'apportera rien de bon si nous cherchons à mieux nous comprendre pour ajuster nos réactions. C'est en ayant conscience des émotions qui nous traversent qu'on peut progresser. Faire comme si l'agacement était « mal » ou interdit ne le supprimera pas et ne l'empêchera pas de nous incommoder. La seule chose qui risque de se passer si nous n'en prenons pas conscience, c'est qu'il rejaillisse sur nos relations.

Le racket émotionnel

On parle de racket émotionnel lorsqu'une émotion vient en remplacer une autre. L'exemple le plus fréquent est le fait de pleurer alors qu'on devrait être en colère. Ce phénomène est parfois observé chez les femmes qui n'osent pas se mettre en colère, pour toutes les raisons mentionnées plus haut, et qui finissent par « pleurer de rage ». Chez les hommes, bien souvent, le phénomène est inverse : ne s'autorisant pas à pleurer, ils n'ont d'autre solution que de s'emporter.

Les femmes pleurent, les hommes se mettent en colère

Caricature ou pas ?

Au moment où j'écris ces lignes, le Hamas vient de perpétrer un attentat terroriste en Israël. Nous sommes en octobre 2023 et l'Institut de sondage Odoxa interroge les Françaises et les Français sur ce qu'ils ressentent à propos de cette situation. Verdict : « Une majorité de femmes a de la peine, une majorité d'hommes est en colère. »

Face à un événement qui les touche, les hommes peuvent voir leur peine se faire voler la vedette par la colère qui leur paraît plus virile et appropriée.

Cela me rappelle le personnage d'Éric, incarné par Gilles Lellouche dans *Les Petits Mouchoirs*[17]. Il est amoureux de Léa, mais celle-ci le quitte car il continue de batifoler et de ne pas

17. Film de Guillaume Canet, 2010.

s'engager. Meurtri, il part à Paris pour essayer de la reconquérir, mais ne le dit pas à ses amis restés à Bordeaux, car ce serait dévoiler trop de sa vulnérabilité. De retour à Bordeaux, ses amis comprennent qu'il est allé à Paris pour voir Léa. Gêné, Éric quitte alors la table, autour de laquelle ils sont en train de déjeuner, pour se réfugier dans la cuisine extérieure, juste à côté. Là, il se confie sur son escapade parisienne, en criant et en cassant de la vaisselle. Il le fait sans affronter leur regard et leur demande ensuite de respecter sa volonté de ne plus reparler de Léa et de ce qu'il s'est passé. Il ravale ses émotions, fait comme si de rien n'était, mais l'honneur est sauf et il pense avoir gardé la face.

Éric incarne ici l'exemple type du mâle alpha, qui multiplie les conquêtes au lieu de reconnaître qu'il ressent de l'amour pour cette femme. C'est un grand sensible au fond, mais il a besoin de temps (de toute une vie ?) pour se dévoiler et accéder à ses émotions. Dans le film, Léa acceptera de le revoir, mais cela ne se termine pas toujours ainsi. Des hommes peuvent rester indéfiniment coincés dans leur coquille par peur de se laisser aller à ressentir de la tristesse. Pourtant, les femmes ne cessent de leur demander de se dévoiler, de dire davantage ce qu'ils ressentent (même si c'est de la colère), plutôt que de s'emporter. Elles ont très souvent besoin de cette intimité. À l'inverse, les hommes ont parfois du mal à accueillir la tristesse de leurs femmes ou de leurs enfants et préfèrent s'en sortir avec un « mais non, ça va aller, ne t'inquiète pas » qu'ils pensent rassurant, selon la fausse croyance bien répandue qu'une émotion annulée est une émotion qui n'existe plus. Non, réprimer une émotion n'a jamais permis de l'apaiser. Ma cliente Hélène aurait bien aimé que ses parents en prennent conscience.

Hélène : « On ne pleure pas à un enterrement »

« Quand ma grand-mère, dont j'étais très proche, est décédée, j'ai été autorisée à aller à son enterrement, mais mes parents m'ont interdit de pleurer. Les émotions n'avaient pas droit de cité dans notre famille. J'ai intégré cela des années durant, jusqu'au jour où, à la suite d'un traumatisme que j'ai vécu, je me suis rendu compte que j'étais devenue incapable de pleurer (on sait pourtant tous les bienfaits sur le corps des larmes qui finissent par sortir). Mon entourage a commencé à s'inquiéter pour moi. Au travail, je sentais bien aussi que tout me coulait dessus et que rien ne m'importait. Je refusais, en tant que femme, qu'on m'associe à la notion d'émotions. La seule chose que je voulais, c'était être reconnue pour ma performance.

Ne jamais être atteinte par ce qui se passe autour de soi est commode. En revanche, cela a fini par me couper complètement de mon mari et de mes collègues. Je n'étais disponible émotionnellement pour personne, car j'avais effacé toute trace de vulnérabilité. Je n'acceptais les marques de fragilité, de douleur, ni chez moi, ni chez les autres. Ça a fini par ne plus aller au niveau relationnel. Alors, après des années de blocage émotionnel, aujourd'hui j'essaie de me concentrer davantage sur ce que je ressens pour ensuite le partager. »

Hélène progresse depuis à petits pas, mais pas autant qu'elle le souhaiterait. Elle a entamé une démarche de fond avec un psychologue.

En consulter un est devenu aujourd'hui en France beaucoup plus acceptable que par le passé. Cela me fait penser à ce sketch sur Instagram de Maud Bettina-Marie où elle explique à sa mère qu'elle a commencé une thérapie et que cela lui fait du bien : « Ah tu fais ça ? » lui demande sa mère, avant de compléter sur un ton moqueur : « Nous, à notre époque, personne ne faisait de thérapie ou n'allait voir de psy ! – Ah oui, on a bien compris, lui répond l'humoriste qui finit par conclure : C'est pour ça que nous, on y va en fait ! »

On dit parfois qu'on va chez le psychologue pour toutes les personnes autour de nous qui n'y vont pas. C'est vrai, mais en partie seulement, car c'est une démarche très personnelle qui est enclenchée lorsqu'on ressent qu'on a besoin d'outils pour avancer, que les blocages sont profonds et que tout pleure en nous, sauf les yeux.

C'était le cas d'Hélène, qui est emblématique de toute une génération ayant été élevée dans cette forme de répression émotionnelle. Les choses semblent évoluer aujourd'hui, mais cela n'est pas systématique. Si les écoles s'ouvrent davantage à la compréhension et à l'accueil des émotions, il reste des familles dans lesquelles on les refuse totalement. Quand c'est le cas, les enfants devenus adultes peuvent porter longtemps le poids de cette injonction. S'ils ne prennent pas de recul, ils risquent même de reproduire le modèle avec leurs propres enfants !

Alfred : de père en fils

> *« À la maison, l'éducation était plutôt "militaire". On ne devait pas laisser paraître ce qu'on ressentait et encore moins faire état de ses problèmes. De toute façon, mes parents considéraient que je n'avais aucune raison d'aller mal. Mes frères et sœurs et moi on a grandi ainsi. Mais chacun a évolué différemment, notamment au moment de fonder une famille. Je ne m'en suis pas trop mal sorti, car ma femme a été élevée sur un modèle plus souple qui lui a permis de faire toute la place à ses ressentis. Donc j'ai appris à son contact, même si le début n'était pas facile. Avec nos enfants, ce n'est pas parfait, mais on fait au mieux pour leur apprendre que ressentir des émotions, c'est normal.*
>
> *Chez mon frère Abel, c'est une autre histoire. Il s'est révolté toute son adolescence contre le modèle parental mais a fini par le reproduire avec ses propres enfants. Cette colère, il ne l'a jamais digérée, ce qui fait que quand il se voit en train de faire la même chose que notre père, elle redouble d'intensité. C'est un cercle vicieux…*
>
> *Tout n'est pas la « faute » des parents, mais on porte quand même une responsabilité, celle de proposer à nos enfants un modèle qui peut les marquer fortement. »*

Cela peut aussi arriver aux personnes qui décident de réprimer leurs émotions car elles les ressentent de façon trop forte. Elles sont épuisées par ces montagnes russes qu'elles vivent au quotidien et préfèrent tenter de s'anesthésier. Mais encore une fois, en agissant ainsi, elles deviennent la marionnette de leurs émotions et pas l'inverse. Elles s'empêchent de les exprimer (ou ne trouvent pas les mots pour décrire la complexité de ce qu'elles ressentent), ce qui pourrait pourtant les aider à avancer. Au lieu de devenir impassibles, elles peuvent même avoir des accès de violence impulsive. Comme le résume si bien Thomas d'Ansembourg : « La violence est un manque de discernement par rapport à notre ressenti et à notre besoin. Nous passons à l'acte parce que ça ne va pas et que nous ne savons pas le formuler. »

C'est d'autant plus vrai que, au travail, on met bien souvent un niveau de protection supplémentaire pour distinguer la vie professionnelle de la vie privée et pour ne rien laisser paraître. Donc l'expression émotionnelle qui permettrait à chacun de justifier son point de vue se fait rare. On assiste plutôt à des rapports de domination/soumission où l'un a raison et l'autre tort. Pour éviter d'en arriver là, il est important, plus que jamais, d'apprendre à réguler ses émotions.

L'enjeu de la régulation émotionnelle

Afin d'éviter qu'une émotion ne vienne en remplacer une autre, nous avons expliqué plus haut l'importance d'apprendre à reconnaître et identifier ce que nous ressentons. Cela va nous permettre de bien différencier les émotions qui nous traversent.

James Gross, psychologue et professeur à l'université de Stanford, a développé un modèle de régulation émotionnelle[18] qui s'attarde sur nos déclencheurs et sur les conséquences de nos réactions émotionnelles.

Identifier les situations qui nous causent du stress et de l'anxiété peut nous permettre de développer des stratégies pour mieux y faire face.

Par exemple, vous savez que lorsque vous êtes surstimulé au travail, vous finissez par vous emporter. Alors il est crucial pour vous de détecter le moment où trop de requêtes venant de l'extérieur s'enchaînent et où cela risque de bientôt vous dépasser. Vous pouvez alors commencer à noter tout ce qu'on vous demande pour être en mesure d'y revenir plus tard, lorsque le rythme de travail se sera calmé.

En ce qui concerne vos réactions émotionnelles, il vous est possible d'ajuster la lecture que vous avez d'un événement déclencheur de votre émotion. Dans l'exemple précédent, une fois que vous avez noté toutes les tâches imprévues que vous avez à faire, vous pouvez les classer par ordre d'importance, d'urgence et finir par décider que certaines sont facultatives, voire inutiles.

---

18. *Handbook of Emotion Regulation*, auto-édition, 2010.

Dans ce processus de régulation émotionnelle, la granularité émotionnelle joue un rôle.

LA GRANULARITÉ ÉMOTIONNELLE

C'est la capacité à élargir la gamme de reconnaissance et d'expression de notre expérience émotionnelle pour, *in fine*, améliorer la régulation de nos émotions.

Elle nous permet de traduire de façon plus précise ce que nous ressentons et de mieux comprendre ce que nos interlocuteurs vivent aussi. La richesse du vocabulaire émotionnel, le niveau de spécificité de notre expression venant caractériser une expérience affective est un signe de forte granularité émotionnelle.

Selon la *théorie des sentiments comme information*[19], la granularité émotionnelle est liée à la régulation que nous pouvons faire des émotions. Mieux on identifie les déclencheurs des émotions, mieux on les catégorise et mieux on les régule.

La régulation émotionnelle va ainsi passer successivement par l'identification du déclencheur émotionnel, l'ajustement de la réaction émotionnelle et la verbalisation de cette réaction. Dans l'exemple plus haut, si vous estimez qu'il est inutile de travailler sur le projet X dans l'immédiat, vous allez devoir l'expliquer

19. N. Schwarz, *Feelings-as-Information Theory*, Sage Publications, 2010.

à votre manager qui vous a demandé de vous pencher dessus en plus de tout ce que vous avez déjà à faire.

C'est à ce moment que la parole prend toute son importance. La parole courageuse, qui soulage, qui évite que vous gardiez tout cela en vous et que cela n'accroisse votre anxiété qui a des conséquences sur votre corps.

À ce stade de la réflexion, nous sommes d'ailleurs en mesure de répondre à la question posée par Mafalda en ouverture de ce livre : « Où vont nos silences quand nous ne disons plus ce que nous ressentons ? »

Eh bien, ils s'incrustent dans notre corps pour y rester et l'abîmer de l'intérieur. À moins que ce dernier ne parvienne à les expulser bon an, mal an. De même que le corps souffre de nos silences, c'est lui qui peut nous aider à agir sur nos émotions. Nous pouvons ainsi recourir à des approches corporelles si les mots nous manquent. À ce titre, la pleine conscience, la sophrologie, le yoga peuvent par exemple vous aider à faire le lien entre votre corps et vos émotions. Ces techniques vous aident à lâcher le mental et à vous reconnecter aux différentes cellules de votre corps.

Concernant la notion de granularité émotionnelle, nous restons toutefois inégaux devant cette capacité à reconnaître et à mettre des mots sur nos émotions.

LE CAS PARTICULIER DES PERSONNES AVEC AUTISME

Il convient avant toute chose de préciser que l'autisme est un spectre et qu'il peut exister différents cas de figure chez les personnes ayant un trouble du spectre de l'autisme (TSA).

On considère parfois, à tort, que les personnes avec autisme sont dépourvues d'empathie[20]. Ce n'est nullement le cas ! Pour le comprendre, il convient de faire la différence entre l'empathie émotionnelle (ou affective) et l'empathie cognitive. Dans le premier cas, ces personnes peuvent ressentir très fortement les émotions des autres (ce qui peut provoquer une grande anxiété), même si elles peinent à lire leur non-verbal et donc à identifier précisément les émotions en question. Dans le cas de l'empathie cognitive, elles peuvent percevoir intellectuellement ce que vivent leurs interlocuteurs[21], mais éprouver des difficultés à se mettre à leur place. Cela a été résumé par Tony Attwood, un des plus grands spécialistes du syndrome d'Asperger[22], par la formule suivante : « Il ressent plus qu'il ne lit. » Un Asperger va →

20. M. V. Lombardo, J. L. Barnes, S. J. Wheelwright et S. Baron-Cohen, « Self-Referential Cognition and Empathy in Autism », *PLoS ONE*, 2007, 2 (9) : e883.
21. Ce qui remet en partie en question la fameuse absence de théorie de l'esprit chez les autistes, comme l'explique la docteure en psychologie sociale Julie Dachez dans ses formations.
22. Cette dénomination a disparu du DSM-5 (*Manuel diagnostique et statistique des troubles mentaux*). On parle dorénavant de « trouble du spectre de l'autisme sans déficience intellectuelle ».

davantage s'appuyer sur ses ressentis sensoriels que sur la lecture du langage corporel et des expressions faciales des autres.

En revanche, il est avéré que certains autistes peuvent rencontrer des problèmes pour ressentir les émotions dans leur corps, en lien avec le trouble de l'intéroception (qui est la perception des sensations corporelles). Donc cela peut vraiment les gêner au moment d'en parler[23].

Mais toutes les personnes avec TSA ne sont pas alexithymiques, c'est-à-dire qu'elles n'auraient pas les mots pour parler de leurs émotions qu'elles ont du mal par ailleurs à démêler. L'alexithymie peut être une comorbidité de l'autisme, mais ce n'est pas systématique.

Le tableau n'est donc pas homogène, mais pour les personnes avec autisme la régulation des émotions demeure un challenge complexe au quotidien.

Lorène Ferrandes, cofondatrice de Fair & Sens qui travaille auprès d'autistes, jeunes et adultes, depuis de nombreuses années, leur conseille de passer par l'observation de leur univers sentimental (qui est fondamentalement différent) pour parvenir à réguler leurs émotions. Pour cela, il leur faut comprendre de quelle manière ils peuvent identifier leurs émotions. Les grilles de lecture habituelles ne fonctionnant pas pour eux, Lorène les accompagne pour qu'ils définissent et s'approprient leur propre grille émotionnelle. Elle les aide à relier des sensations, des faits et leurs conséquences pour recréer leur systémie

23. C. J. Price, C. Hooven, « Interoceptive Awareness Skills for Emotion Regulation », *Frontiers in Psychology*, 2018.

interne : « Une jeune fille que je suivais a ainsi fini par faire le lien entre ses mains moites lorsqu'elle rencontrait un certain jeune homme et son attachement affectif à ce dernier. Cela lui a permis de gagner en clairvoyance sur ses sentiments. »

Même parmi les personnes neurotypiques il peut exister aussi de grandes différences. On a tous en tête cet ami qui répond « Bof » à « Comment tu te sens ? », là où un autre ami va répondre « Je suis décontenancé, frustré, chamboulé, etc. ». Pour certaines personnes, il peut être extrêmement difficile d'extérioriser la complexité de ce qu'elles vivent intérieurement. C'est souvent le cas des personnes introverties, qui puisent leur énergie dans le retrait, le calme de leur monde intérieur. Le risque, si elles ne parviennent pas à parler de leurs ressentis, est de perdre, à terme, le lien avec leur entourage social. D'où parfois le truchement de l'art qui peut être si utile comme aide à l'expression émotionnelle ! Grâce à son sens du détail, l'artiste va savoir sculpter l'émotion, notre émotion, même s'il ne nous connaît pas, car ce qu'il propose est universel.

Mais les personnes extraverties ne sont pas non plus exemptes de cette difficulté à parler de leurs ressentis. Là aussi, on a tous dans notre entourage un fêtard qui prétend toujours que tout va bien pour éviter d'aller sur des terrains sensibles. C'est un peu notre Éric à nous. Il met un petit mouchoir sur ses émotions ou met la tête dans le sable, telle une autruche.

Je pense que, pour certains, cette stratégie peut fonctionner tout le long de leur vie, si tant est qu'ils sachent bien gérer leur stress et ne subissent aucun traumatisme fort qui les ferait dévisser. Mais je crois aussi que nommer ce qu'on vit permet de développer la confiance en soi. Je m'explique. Quand je ne verbalise pas mes ressentis, je subis les situations que je vis. Reprenons l'exemple ci-dessus du dossier qu'on ajoute sur le haut de votre pile au travail. Vous n'osez pas dire que vous n'avez pas le temps de le traiter, vous faites des journées à rallonge, vous vous mettez en retard sur d'autres dossiers tout aussi, voire plus urgents, votre manager finit par vous le reprocher et vous vous sentez mal, ou pire, vous vous emportez. Votre estime de vous est en berne. À l'opposé, vous faites l'effort d'expliquer à votre manager que vous ne pourrez pas traiter ce dossier supplémentaire dans le temps imparti, sauf si une autre priorité est mise de côté. Vous lui demandez de choisir. Vous le mettez devant ses responsabilités et vous prenez les vôtres. Que va-t-il se passer ?

a. Votre manager tranche et l'affaire est réglée, vous avez fait preuve d'assertivité.

b. Votre manager est agacé face à tant de culot, il s'emporte, mais vous tenez bon.

c. Votre manager est agacé face à tant de culot, il accepte, mais vous le fait payer derrière.

Dans ce dernier cas de figure, vous avez le choix entre vous effondrer ou réaliser que continuer à travailler avec cette personne n'est pas possible. Vous pourrez évaluer les différentes possibilités pour la suite (partir, changer d'équipe, vous désengager...), mais vous n'avez rien à regretter puisque, si vous n'aviez rien dit, la situation se serait reproduite. Jusqu'à quand ? Jusqu'à ce que votre corps lâche ? Là, vous avez eu la confirmation que cette personne ne changerait pas et que c'était à vous d'en tirer les conséquences. Vous avez fait preuve de courage et votre corps vous en remercie pour les mois et les années à venir. Par ailleurs, vous avez aussi appris à poser vos limites par la même occasion, ce qui est autant de temps de gagné pour la suite de votre vie. Votre confiance en vous est décuplée.

Cela peut paraître simple dit ainsi. Certains m'objecteront que dans la réalité ce n'est pas si facile. Je le conçois, mais vous savez aussi que vous ne verrez pas de changement s'opérer si vous ne dites pas ce qui est bon ou non pour vous.

Vous pouvez en être convaincu, mais avoir toutefois du mal à le faire, car vous ne savez pas comment formuler tout cela. Heureusement, des méthodes existent, qui sont aujourd'hui assez largement répandues dans les formations que prodiguent les services des ressources humaines des entreprises. Je serais surprise que le vôtre ne vous ait jamais parlé de *soft skills*, de technique pour faire des *feedbacks* ou encore d'intelligence émotionnelle... !

À RETENIR

Voici les raisons principales qui vous poussent à vous couper de vos émotions :

- Vous nourrissez l'illusion qu'en ne ressentant rien, vous ne souffrirez pas.
- Vous pensez que ressentir des émotions vous rend faible et vulnérable (ce qui revient au même selon vous).
- Vous pensez que les émotions vous induisent en erreur.
- Vous ne savez pas (plus) comment vous connecter à vos ressentis (pour des raisons d'éducation, par habitude...).

Voici à présent les raisons qui vous poussent à ne pas exprimer vos émotions :

- Vous pensez que cela vous évite des conflits.
- Vous voulez paraître fort au travail ou ne pas encombrer les autres avec vos états d'âme.
- Vous confondez « exprimer ses émotions » et « parler de soi ».
- Vous craignez que vos émotions ne vous fassent perdre le contrôle.

DES ÉMOTIONS EN PAGAILLE !

Quand on a omis de tenir compte d'un sujet sociétal pendant des années, on observe ensuite bien souvent un effet de rattrapage. Autrement dit, les émotions étaient à bannir, elles sont désormais omniprésentes. On a ainsi l'impression d'entendre parler d'intelligence émotionnelle dans chaque publication sur les réseaux sociaux qui concerne, de près ou de loin, le développement personnel ou professionnel. C'est une bonne chose dans la mesure où le retard accumulé était conséquent, mais parfois cela confine un peu au grand chambardement incontrôlé…

Le boom des soft skills

La légende raconte qu'en 1972, un officier américain du nom de Paul Whitmore utilise l'expression *soft skills* pour souligner que ses militaires engagés dans la guerre du Vietnam ont des compétences techniques pour manier les armes, mais manquent d'autres compétences humaines plus intangibles pour mener les troupes au combat afin qu'elles soient plus performantes sur le terrain.

La différence entre le savoir-faire et le savoir-être était ainsi établie.

Aujourd'hui, quand on parle de savoir-être et de *soft skills*, on désigne des compétences comportementales.

Le management est mort, vive le management émotionnel !

Cette terminologie de *soft skills* est couramment utilisée dans le management (qui est le fait de mener des équipes vers la performance).

Que ce soit dans des articles de presse professionnelle ou dans des posts sur LinkedIn, dans les organismes de formation ou dans les entreprises, on propose systématiquement aux managers de suivre des modules de « gestion des émotions », « gestion des conflits », « gestion du stress »... Tiens, n'y aurait-il pas comme une redondance... ? Voire une contradiction ? Une émotion est-elle vraiment destinée à être « gérée » ?

Si vous répondez par l'affirmative, c'est que je n'ai pas été très efficace jusqu'à présent...

Car non, une émotion ne peut être « gérée » dans le sens où elle serait sous contrôle. Et pourtant, c'est bien souvent ce qu'on entend en entreprise quand on dit (la plupart du temps d'une femme) qu' « elle ne sait pas gérer ses émotions » (traduction : elle est hystérique, elle a donc une pathologie, nous dirait Freud).

Donc après avoir banni les émotions du monde du travail pendant des années, on décide de les aborder, mais sous l'angle de la gestion des émotions. Cela peut être une simple erreur de vocabulaire, mais c'est aussi parfois une erreur d'appréciation. En tant que coach professionnelle, je peux attester du nombre de fois (en baisse heureusement) où je suis contactée pour accompagner un ou une salarié(e) qui ressent trop d'émotions au travail. Donc de nouveau, il faudrait ressentir peu, contrôler ses émotions...

Or, si le manager doit assurer la performance de ses équipes, comment y parviendra-t-il le mieux ? En leur mettant le couteau sous la gorge ou en essayant de les convaincre ? Sans usage possible de la force, il devra donc jouer un rôle de leader et tenir compte de qui ils sont : des êtres faits de raison… et d'émotions !

LE LEADERSHIP

C'est la capacité à entraîner les autres, à donner envie d'atteindre des objectifs.

Le leader doit donc mettre en place les conditions qui permettent à ses équipes d'être performantes.

Il va pour cela :

- les soutenir face à une difficulté ;
- chercher à développer leur potentiel ;
- les féliciter, les encourager, mais aussi les recadrer si nécessaire ;
- construire un climat de confiance en tenant compte des différents points de vue, des besoins qui peuvent émerger.

En bref, il va devoir consacrer du temps aux relations interpersonnelles pour construire des liens authentiques avec ses équipes.

Nous avons vu que, lorsqu'on parle de besoins, on finit toujours par aborder la notion d'émotions qui nous informent sur l'état desdits besoins.

Cela veut donc dire que le manager doit tenir compte des émotions de ses équipes pour avancer ! Pour cela, il va devoir avant tout les comprendre et, pour les comprendre, il va devoir écouter ses collaborateurs. Plus il connaîtra leur façon de fonctionner, mieux il les emmènera vers l'atteinte de leurs objectifs. CQFD.

La prise en compte des émotions au travail n'a donc rien à voir avec « le monde des Bisounours » comme on l'entend souvent, mais c'est, de façon pragmatique, le meilleur moyen de fonctionner pour un groupe.

Le management « à la schlague » (à coups de baguette si vous préférez) ne devrait donc plus subsister aujourd'hui en toute logique. Dans les entreprises qui prônent une forme de management bienveillant, même les salariés de plus de soixante ans finissent par en être convaincus ! Pour ceux avec qui j'ai eu l'occasion de travailler, ils m'ont dit avoir pris conscience du fait que les jeunes générations n'ont pas du tout envie d'être managées comme l'étaient leurs parents. Ces trentenaires ne sont pas prêts à tout accepter sous prétexte que l'entreprise les paie et qu'il y aurait donc une relation dominant/dominé (il n'en est rien en effet puisque le salaire est versé contre un service rendu). Au contraire, ils recherchent une relation de réciprocité avec leurs managers.

La réciprocité pour manager

1. Le manager doit faire preuve d'empathie et être à l'écoute de ses collaborateurs pour comprendre leurs besoins, leur mode de fonctionnement et parvenir à travailler en bonne entente avec eux. S'il permet l'émergence des émotions de ses collaborateurs, ces derniers se sentiront respectés.

Mais ce n'est pas tout !

2. Il doit lui aussi s'ouvrir à la possibilité de faire part de ses ressentis sur un projet, un dossier ou encore une réunion à ses équipes.

Mais beaucoup ne le font pas, parce qu'ils estiment que ce n'est pas approprié, ou pire, car ils considèrent que leurs équipes n'ont pas à savoir ce qu'ils pensent, ils se voient au-dessus de la mêlée et ne s'abaissent pas à de telles futilités.

Les équipes devraient obéir sans qu'ils aient besoin d'en passer par là, comme dans n'importe quelle organisation verticale.

Seulement voilà, ce qui fait que des équipes suivent leurs managers, c'est qu'elles sentent qu'elles peuvent avoir confiance, qu'elles savent qui elles ont en face. Lorsqu'à l'inverse, les managers ne pratiquent pas l'expression émotionnelle (ne verbalisent pas ce qu'ils ressentent), ils apparaissent comme froids, fermés, distants. Cela ne donne pas envie à leurs collaborateurs de leur être loyaux. Or, c'est la loyauté qui fait que les équipes restent et s'engagent.

Les jeunes générations ne sont bien évidemment pas les seules à rechercher cette expression émotionnelle. Toute personne en quête d'un minimum de sérénité dans son environnement de travail l'appelle aussi de ses vœux.

L'expression émotionnelle et l'empathie sont donc des compétences comportementales qui augmentent l'employabilité d'un manager, mais aussi d'un collaborateur, surtout en cette période de développement rapide de l'intelligence artificielle (IA).

Comme l'explique Julien Bouret, co-auteur de *Soft Skills*[24], « ce qui faisait la valeur professionnelle d'hier et d'aujourd'hui, c'était le diplôme. L'IA, qui rendra obsolète bon nombre de compétences techniques, va impliquer le développement de compétences humaines et comportementales[25] ».

Même s'il existe des incertitudes sur les développements à venir des IA, il semblerait que, pour l'instant, ce qui reste aujourd'hui l'apanage de l'humain soit la capacité à ressentir des émotions et à pouvoir les traduire en mots.

J'ai d'ailleurs posé la question à ChatGPT. Voici ce qu'il en dit :

> La question de savoir si la capacité à ressentir des émotions et à les traduire en mots est l'apanage exclusif de l'humain par rapport à l'intelligence artificielle (IA) est complexe. L'IA a fait d'énormes progrès dans la compréhension et la génération de

24. *Soft Skills*, Dunod, 2023.
25. *Recruter des profils atypiques, un enjeu d'adaptation et de transformation de l'entreprise*, étude prospective de la chambre de commerce et d'industrie de Paris et d'Île-de-France, janvier 2023.

contenu lié aux émotions, mais il y a encore des différences significatives entre les êtres humains et les machines dans ce domaine.

1. **Ressentir des émotions** : actuellement, les émotions sont généralement considérées comme une expérience subjective et interne qui est propre aux êtres humains. Les machines, y compris les IA, n'ont pas de conscience ou de capacité à ressentir des émotions de manière authentique. Les IA peuvent être programmées pour détecter des signaux émotionnels, comme la reconnaissance faciale ou vocale, mais cela ne signifie pas qu'elles ressentent réellement des émotions.

2. **Traduire des émotions en mots** : les IA sont de plus en plus capables de détecter et de classifier des émotions à partir de données textuelles ou d'audio, et elles peuvent générer des textes ou des discours qui expriment des émotions. Cependant, cette traduction est souvent basée sur des modèles statistiques et des schémas de langage plutôt que sur une compréhension profonde des émotions. Les humains ont une compréhension intuitive des émotions et sont capables de les exprimer de manière nuancée, en utilisant des métaphores, des références culturelles et des contextes personnels.

3. **Contexte et empathie** : les êtres humains sont capables de comprendre les émotions dans un contexte plus large et de montrer de l'empathie envers les autres. L'IA peut être programmée pour reconnaître des émotions, mais elle peut avoir du mal à saisir le contexte et à exprimer de l'empathie de manière authentique.

> Il est important de noter que la recherche en IA continue d'évoluer, et de nouvelles avancées sont faites régulièrement. Les IA peuvent être de plus en plus performantes dans la détection et la génération d'émotions, mais elles ne sont toujours pas capables de les ressentir de manière intrinsèque. La question de savoir si les IA pourront un jour avoir une conscience émotionnelle reste une question ouverte et fait l'objet de débats éthiques et philosophiques. En fin de compte, la capacité à ressentir des émotions et à les traduire en mots demeure l'un des aspects qui distinguent fondamentalement l'humain de l'IA.

Je ne mange pas de *feedback* sandwich !

J'ai vu, au cours de ma carrière, des formations qui apprennent aux salariés à faire des *feedbacks* à leurs collaborateurs qui s'apparentent, de mon point de vue, à de la manipulation.

Je pense notamment à la technique du « feedback sandwich » qui se compose de trois couches :

- une couche de positif (pour mettre l'interlocuteur dans de bonnes conditions) ;
- une critique (qui est LE sujet que le manager souhaite aborder en réalité) ;
- une couche de positif (pour terminer sur une note encourageante).

Je ne connais pas un collaborateur qui n'ait pas vu le « truc » venir au début de l'échange ! Il sait, au moment où son manager le brosse dans le sens du poil, que le couperet va tomber juste après et, attendant le « mais », il n'arrive pas à se concentrer sur cette introduction en douceur. La douche est d'autant plus froide que la transition du positif vers le négatif est abrupte. Terminer par une touche positive ne suffira pas à lui faire oublier la critique et il aura simplement l'impression qu'on l'a pris pour un idiot. Or le *feedback* est censé venir « nourrir » celui qui le reçoit.

Certains m'objecteront que si la méthode est bien appliquée, cela ne se passe pas ainsi. Et c'est le cas en effet lorsque l'intention est de faire un retour sur une mise en situation, par exemple, où l'objectif est d'analyser le comportement managérial d'une personne : on lui dit alors ce qui a été bien fait et ce qui pourrait être amélioré.

Ce dont je parle concernant la méthode « sandwich », c'est du cas d'un entretien de recadrage ou de félicitations d'un manager avec son collaborateur. Ce *feedback*, c'est-à-dire un retour sur un événement passé qui a engendré des émotions, requiert une authenticité indispensable au moment de faire de l'expression émotionnelle.

Ce *feedback* peut donc être soit positif (on l'oublie souvent !), soit négatif, mais pas les deux en même temps ! Cela évite que le message soit brouillé.

Le *feedback* comme expression émotionnelle

Faire de l'expression émotionnelle ne signifie nullement qu'on laisse de côté l'aspect factuel d'une situation. Bien au contraire. C'en est le point de départ.

1. On part d'un fait qui s'est produit : on décrit la situation, si possible avec l'adverbe « quand », sans ajouter de qualificatif qui induirait un jugement de valeur.

   Exemple : « **Quand tu as pris la parole hier en réunion d'équipe** » et non « Quand tu t'es emporté hier en réunion d'équipe » (on peut considérer que la personne s'est emportée, alors que de son point de vue elle était assez calme).

2. On exprime l'émotion que ce fait a entraîné chez nous.

   Exemple : « **Cela m'a surpris** » et non « cela est inacceptable » (sinon on entre dans le monde des valeurs relatives).

3. On explique pourquoi on a ressenti cette émotion.

   Exemple : « **Car j'ai besoin en tant que manager d'une certaine harmonie au sein de mon équipe.** »

4. On formule une demande/on essaie de trouver ensemble une meilleure façon de procéder pour la prochaine fois.

   Exemple : « Quand tu as pris la parole hier en réunion d'équipe, cela m'a surpris, car j'ai besoin en tant que manager d'une certaine harmonie au sein de mon équipe. **La prochaine fois que tu es en désaccord avec ma décision, j'aimerais que tu m'en parles en amont, d'autant que nous avons des points réguliers ensemble sur ces sujets.** »

Il est à noter que le *feedback* de recadrage peut être uniquement descendant si le manager l'estime nécessaire. Il peut aussi être collaboratif, en laissant plus de place à l'autre personne pour s'exprimer sur cette situation et pour chercher des solutions avec le manager.

On voit dans l'exemple évoqué ci-dessus que, si le collaborateur est traité avec respect, le manager n'en est pas moins courageux, car il aborde franchement le sujet qui a posé difficulté sans passer par des détours qui sèment la confusion. Par ailleurs, ce n'est pas parce qu'il parle de son émotion (la surprise dans l'exemple) qu'il étale sa vie privée, qu'il se met à nu, qu'il devient vulnérable, ou tout ce qu'on entend régulièrement. Il sait être à la fois factuel et émotionnel. Il s'efforce aussi d'être constructif afin que son collaborateur ressorte de l'échange avec des informations claires.

Il en est de même pour le *feedback* positif. Si je dis à ma collègue que sa présentation était « top », elle risque de ne pas apprendre grand-chose. En revanche, si je lui dis que sa présentation était impactante car elle a su, par son ton et sa pédagogie, entraîner son auditoire qui avait besoin d'être rassuré sur le sujet, elle saura plus facilement ce qu'elle peut mettre en œuvre la prochaine fois pour que cela fonctionne bien de nouveau. C'est pourquoi il est important de contextualiser ces retours.

Par ailleurs, il est tout à fait possible de faire un *feedback* à son manager. Cela n'est pas à sens unique ! Si une situation empire entre lui et vous, il peut être salvateur pour vous de l'exprimer. Mais il faut savoir que, bien évidemment, il peut ne pas l'accepter. Tout dépendra de la relation de confiance que vous avez nouée et de sa capacité à le recevoir, c'est-à-dire son niveau d'agilité personnelle. L'issue en dira long sur sa volonté de travailler en toute transparence et de façon horizontale. Mais vous aurez pour vous, quoi qu'il en soit, le fait d'avoir pris vos responsabilités et tenté de régler une situation qui ne vous convenait pas.

Pour ceux qui sont familiers de la Communication NonViolente, je pense que vous en aurez reconnu certains éléments dans le modèle de *feedback* que je viens de vous présenter.

De la CNV parfois mal digérée

Nous avons plusieurs fois abordé la CNV, car elle est LA méthode qui permet de faire de l'expression émotionnelle.

Sa déclinaison professionnelle est le DESC :

- **Décrire** les faits.
- **Exprimer** ses ressentis.
- **Suggérer** la solution.
- **Conclure** avec les conséquences positives pour chacun.

Sur le papier, le modèle de la CNV a l'air simple. Marshall Rosenberg l'a conçu pour nous inviter à reconsidérer notre façon d'écouter, de nous exprimer et d'entrer en relation.

Cependant, il est difficile de ne pas induire d'interprétation à partir de nos ressentis. Pour exprimer un sentiment, en français, nous employons la formulation « je ressens », car « je me sens » est un faux ami : il n'indique pas un sentiment, mais une interprétation. Il est d'ailleurs souvent suivi de « par » : « Je me sens manipulé par… » est une évaluation (qui peut être biaisée) d'une situation. « Je sens que » est, par ailleurs, une formule qui détaille votre pensée et non votre émotion.

Ainsi, pensant communiquer de façon bienveillante, après avoir suivi des formations en CNV, beaucoup de personnes continuent d'utiliser un langage qui ne permet pas d'être en relation avec les autres de façon apaisée.

Autre écueil : certains se mettent à ne parler que de leurs besoins, sans considération de ceux d'autrui. Or on ne peut satisfaire ses besoins au détriment de ceux des autres. C'est là qu'intervient la notion de « limites ». Si, dans une relation, qu'elle soit d'ordre professionnel ou privé, l'autre pose ses besoins et que vous ne le faites pas, vos limites vont vite être dépassées. Vous devez donc dire aussi ce que vous ressentez pour les poser. C'est l'autre bénéfice de l'expression émotionnelle et cela permet de développer la confiance en soi, nous en avons parlé précédemment.

Albin : « J'étais dépendant de son agenda »

> *« Quand j'ai rencontré Julia, j'ai vite compris que c'était une femme très occupée. Elle avait des enfants, un métier prenant et une propension à se laisser vite déborder. Elle a rapidement posé le cadre en me détaillant les moments où elle était avec ses enfants, devait travailler et avait besoin de temps pour elle, seule. Cela me semblait plutôt sain de donner les règles du jeu d'emblée.*
>
> *Le problème, c'est qu'au milieu de tout cela, elle n'était pas attentive à moi, à mes propres besoins. À sa décharge, je ne les ai pas formulés au début… Je voulais voir comment les choses allaient évoluer. Quand je me suis enfin mis à en parler, elle a compris qu'elle ne pourrait accéder à mes besoins. En plus, ça donnait l'impression que je réclamais.*
>
> *Bref, avec du recul, je regrette de ne pas avoir dit ce qui était important aussi pour moi dès le début. Cela nous aurait évité de perdre du temps je pense. »*

Quand j'ai demandé à Albin pourquoi il n'avait pas exprimé ses propres besoins, il m'a dit qu'il n'avait pas osé de peur d'être trop en demande alors que la relation commençait à peine. Pourtant, il ne réclamait rien. Il avait juste besoin d'être clair sur ses attentes. Les personnes très empathiques comme lui vont souvent avoir tendance à laisser plus de place à l'autre, à être à l'écoute. Le fait de ne pas mentionner ce qui compte aussi pour eux les empêche de s'affirmer et de prendre leur place dans la relation.

« Cessez d'être gentil, soyez vrai[26] ! » lui conseillerait certainement Thomas d'Ansembourg. On oublie souvent le sous-titre de cet ouvrage qui est encore plus parlant : *Être avec les autres en restant soi-même*. Mais certains craignent qu'en étant eux-mêmes ils ne fassent fuir les autres (parce qu'ils sont TROP sensibles, TROP intenses, TROP perspicaces…). Ne concevant pas leur vie sans ce lien à l'autre, ils font tout pour conserver la relation qui finit par s'étioler car ils se sont oubliés en chemin. Or personne ne veut être avec quelqu'un qui n'est pas VRAI.

Ce « dire-vrai », invoqué par Thomas d'Ansembourg, est pourtant souvent mis de côté au profit du « bien-dire », ce qui peut expliquer que la rhétorique de la CNV perde parfois en authenticité dans la bouche de certains.

Une vision réductrice de l'intelligence émotionnelle

À cela s'ajoute le fait qu'on réduit souvent l'intelligence émotionnelle (IE) à la conscience de ses propres émotions et de celles des autres (l'empathie). Et c'est peu de dire qu'on en entend beaucoup parler ! Encore une fois, c'est une bonne chose, car le déficit (notamment en France) était flagrant. Mais, très souvent, lorsqu'un concept devient populaire, il est simplifié et perd de sa substance.

---

26. *Cessez d'être gentil soyez vrai ! Être avec les autres en restant soi-même*, L'Homme, 2004.

Nommer les émotions

Revenons donc aux sources.

La notion d'intelligence émotionnelle apparaît pour la première fois en 1990 sous la plume des professeurs de psychologie J. D. Mayer et P. Salovey[27], mais est vulgarisée par le psychologue américain Daniel Goleman dans son ouvrage *Emotional Intelligence : Why It Can Matter more than IQ*[28]. Il la définit comme la capacité à identifier, comprendre et EXPRIMER ses propres émotions.

Or cette capacité d'expression émotionnelle est souvent laissée de côté, au bénéfice de l'identification et de la compréhension.

Pourtant, c'est bien le fait de pouvoir nommer nos émotions, à l'intersection de ces dernières et de la cognition (on retrouve la dyade émotions – raison), qui sous-tend le concept d'IE.

Les Américains Mayer et Salovey parlaient même des émotions comme de guides informationnels pour la pensée et l'action. L'Israélien Reuven Bar-On leur emboîte le pas quand, en 1997, il présente son inventaire de quotient émotionnel (EQ-i) qui contient la notion de prise de décision comme étant intrinsèquement liée à nos émotions.

On voit bien que la définition est plus large que la simple conscience de soi émotionnelle couplée à l'empathie. Ce sont

27. P. Salovey, J. D. Mayer, *Emotional Intelligence, Imagination, Cognition and Personality*, Sage Publications. 1990.
28. Bloomsbury Publishing PLC, 1996.

en réalité deux compétences comportementales sur les quinze qui existent dans l'instrument d'évaluation psychométrique de Reuven Bar-On.

Donc, chaque année, quand on nous prédit que l'IE fera partie des compétences les plus recherchées chez un manager, c'est un abus de langage. Car l'IE n'est pas une compétence, c'est un corpus de compétences comportementales.

L'INTELLIGENCE ÉMOTIONNELLE

C'est un ensemble d'aptitudes émotionnelles et sociales qui, ensemble, établissent la façon dont nous :

- nous percevons et nous exprimons ;
- développons et maintenons des relations sociales ;
- faisons face aux difficultés ;
- utilisons les informations émotionnelles de façon efficace et significative.

Définition de MHS, société détentrice de la licence EQ-i aux États-Unis, représenté en France par le Centre de l'intelligence émotionnelle, dirigé par Lucie Lauras.

On est donc loin de la définition apportée par le magazine *Forbes* dans un article daté du 11 septembre 2022 : « Le QI émotionnel dépend de la capacité à comprendre ses propres émotions et à les contrôler dans le but d'atteindre un objectif supérieur. »

Dans cette définition, RIEN ne va :

- « Contrôler les émotions », c'est comme « gérer ses émotions », si vous avez bien lu jusqu'à maintenant, vous saurez que c'est contre-productif.
- Qui a parlé d'un objectif supérieur ? Une IE développée rend performant au travail, mais ne vise pas à mettre la barre plus haut en permanence.
- Le meilleur pour la fin : le « QI émotionnel », soit le quotient intellectuel émotionnel... On entend souvent parler de QE *versus* le QI, mais le QIE c'est inédit !

Neuroatypies et intelligence émotionnelle, faux amis ?

Le QE, par extension du QI, est la mesure d'une intelligence émotionnelle.

Si l'on s'en tient au modèle de l'EQ-i (test que je fais passer depuis des années pour sa puissance et sa justesse), quinze compétences comportementales sont évaluées pour définir cette IE :

- l'amour-propre (bonne estimation et acceptation de ses qualités et axes d'amélioration menant à la confiance) ;
- la réalisation de soi (recherche de sens ; accomplissement) ;
- la conscience de soi émotionnelle (compréhension de ses propres émotions) ;
- L'EXPRESSION ÉMOTIONNELLE (de façon constructive) ;
- l'affirmation de soi (assertivité, on y reviendra) ;

- l'indépendance (notamment vis-à-vis de ses émotions et des autres) ;
- les relations humaines (leur qualité) ;
- l'empathie (émotionnelle et cognitive) ;
- la responsabilité sociale (poursuite de l'intérêt général) ;
- la résolution de problèmes (utilisation efficace des émotions dans la résolution de problèmes) ;
- le sens de la réalité (voir les choses comme elles sont, non comme on aimerait qu'elles soient) ;
- le contrôle des impulsions (patience ; réfléchir avant d'agir, de parler) ;
- la flexibilité (adaptabilité face à l'imprévu, au changement) ;
- la tolérance au stress (capacité à s'adapter à la pression) ;
- l'optimisme (« voir le verre à moitié plein », malgré les difficultés).

Les équilibres et les déconnexions entre ces différentes compétences comportementales nous donnent une photographie à l'instant T du profil d'intelligence émotionnelle d'une personne. Ces liens tissés entre les quinze items nous en disent beaucoup plus qu'un simple score total de QE. C'est comme pour le QI, si l'on se contente de regarder le résultat chiffré, on passe à côté de l'essentiel. C'est au cœur des corrélations que se nichent les apprentissages les plus intéressants, qui peuvent donner envie de développer certains axes de sa personnalité. Car l'IE est une matière malléable qu'on peut faire évoluer au long de sa vie.

Récemment, un glissement s'est opéré qui revient à assimiler QE et hypersensibilité.

Rappelons d'abord que l'hypersensibilité peut être à la fois sensorielle et/ou émotionnelle. Saverio Tomasella, docteur en psychologie, préfère parler de « haute sensibilité » pour retirer le préfixe « hyper » qui peut avoir une connotation négative. Il désigne aussi une forte intensité des stimuli sensoriels et émotionnels. Cette hyperstimulabilité peut mettre la personne hypersensible dans une forme de dépendance vis-à-vis de ses émotions tant celles-ci sont intenses. Si, par ailleurs, ses cinq sens sont exacerbés, elle va ressentir énormément de choses et aura certainement une empathie très développée. Parfois même, elle se fera passer après les autres et n'osera pas dire ce qu'elle ressent, ce qui risque d'affecter à la fois sa confiance en elle et sa capacité à s'affirmer.

Un tel profil pourrait donc ressembler à cela :

- amour-propre → résultat plutôt bas ;
- expression émotionnelle → résultat bas ;
- affirmation de soi → résultat bas ;
- indépendance → résultat bas ;
- relations humaines → résultat élevé ;
- empathie → résultat élevé.

On voit, par cet exemple, qu'être hypersensible n'assure pas d'avoir une IE globale développée d'emblée. Parfois même, cette sensibilité élevée peut donner des scores faibles en termes d'IE. Tout dépend de la capacité de la personne à identifier les déclencheurs de ses émotions, à mettre des mots sur ces dernières et à s'en servir pour prendre des décisions.

Qu'en est-il pour les autres profils neuroatypiques ?

NEUROATYPIES ET INTELLIGENCE ÉMOTIONNELLE

Les profils suivants sont donnés à titre d'exemples et ne peuvent faire l'objet de généralisations.

Cela étant dit, voici quelques récurrences chez les personnes rencontrées :

- **HPI (haut potentiel intellectuel) :** ils cherchent à mettre énormément de sens dans leur travail, mais ne prennent pas toujours conscience de leurs accomplissements, donc la réalisation de soi peut varier et leur amour-propre aussi (surtout s'ils sont dotés d'une grande sensibilité). Ils ne seront pas toujours conscients de leurs émotions, en particulier s'ils ont décidé de les mettre sous le tapis pour qu'elles ne les encombrent pas. Ils peuvent être très assertifs si la confiance en soi est au rendez-vous. Ils sont souvent tournés vers l'intérêt général, mais leur optimisme est parfois en berne, car ils se disent très réalistes.

→

- **TDAH (trouble du déficit de l'attention avec hyperactivité) :** leur impulsivité est forte. Ils vont vite et sont, par conséquent, souvent impatients. Ils peuvent avoir du mal à comprendre que tout le monde ne fonctionne pas et ne voit pas les choses comme eux. Si leur résolution de problèmes et leur adaptabilité au changement sont élevées, ils peuvent être difficiles à suivre par leurs collaborateurs, car ils seront très efficaces ! Mais leur résolution de problèmes peut être basse s'ils ont du mal à passer à l'action (ce qui n'est pas toujours le cas !). Donc la réalisation de soi n'est pas toujours élevée.
- **TSA (trouble du spectre de l'autisme)** : les personnes avec TSA ont souvent une flexibilité basse, car le changement est une source d'angoisse pour elles. Elles sont souvent très organisées, avec des routines et souffrent de devoir tout modifier en dernière minute. Cela peut aller de pair avec une basse tolérance au stress. Comme mentionné précédemment, leur empathie peut être très élevée, à l'inverse de la conscience de leurs propres émotions (« Je ressens, mais je ne sais pas toujours quoi », me disait ainsi une cliente). Ce sont des personnes qui aiment bien « dire les choses » et donc l'affirmation de soi peut par conséquent être élevée.

Je n'aborde pas ici la galaxie des dys- qui est très disparate.

À noter que certaines de ces neuroatypies peuvent se cumuler chez une même personne.

Nous voyons que le fonctionnement cérébral a des impacts sur l'intelligence émotionnelle. La capacité à la développer va reposer sur la conscience que chacun a de son *modus operandi*. La perception de soi est donc le point de départ qui peut permettre l'expression des émotions.

Nous connaissons à présent les risques encourus à réprimer ses émotions. Qu'en est-il de la répression de leur expression ?

À RETENIR

Quand on parle d'intelligence émotionnelle, on n'insiste pas assez sur l'importance de **nommer ses émotions**. Les exprimer permet en effet instantanément de les faire diminuer. Cela participe de la régulation émotionnelle qui est la clé, au-delà des ressentis, pour avoir une intelligence émotionnelle développée.

La régulation émotionnelle exige que vous alliez voir du côté des besoins qui sont présents derrière vos émotions. Cela vous permettra de voir si vous les avez ou non respectés. Dans le dernier cas, il vous faudra formuler une demande aux autres (ou à vous-même !) afin d'y accéder. Cela vous donnera la possibilité, par la même occasion, de **poser vos limites**, ce qui n'a rien à voir avec l'égoïsme. C'est à l'inverse **un acte fondamental d'amour-propre, point de départ de toute intelligence émotionnelle.**

CHAPITRE 2

Une communication transparente, des relations en danger ?

« Comment bien utiliser ses émotions » était le titre du numéro de mai 2017 de *Cerveau et Psycho*. Le magazine expliquait que 90 % de notre temps est placé sous le signe d'une émotion, qui est présente en arrière-plan. Cette émotion, on peut choisir de la garder pour nous ou de l'extérioriser.

L'humoriste Tristan Lopin considère, dans un « réel » sur Instagram (octobre 2023), que nous sommes dans une période intense de libération des émotions qui légitime de parler de tout ce qu'on ressent, au moment où on le ressent, pour ne pas « se laisser pourrir par les non-dits ». Et de conclure que « ce concept est en train de nous flinguer ».

C'est drôle, et assez juste, si l'on se réfère au succès des stages de Communication NonViolente. Mais cela signifie-t-il vraiment la fin de nos relations ? N'est-ce pas plutôt justement ce qui nous permet d'être en relation de façon authentique ?

Les « non-dits » sont rarement bénéfiques au sein d'une communauté, d'un groupe ou d'un couple, mais le « dire-vrai » est à manier avec des pincettes.

Alors comment apprend-on à naviguer entre ces deux extrêmes ?

UNE COMMUNICATION TROP BIENVEILLANTE ?

L'autre appellation de la CNV est la communication bienveillante. Qualificatif très utilisé aussi récemment, notamment dans le milieu professionnel, à tel point que certains ont vu dans la bienveillance un rempart contre le conflit. Pourtant, Thomas d'Ansembourg lui-même l'a expliqué : « La non-violence n'est pas la non-colère, c'est l'expression claire de la colère. » Cette dernière peut mener au conflit, mais nous pouvons l'exprimer calmement. Nous pouvons donc partager des points de vue divergents et marquer notre désaccord sans colère. Alors, pourquoi a-t-on si peur du conflit ?

Doit-on avoir peur du conflit ?

Dire sans bousculer, mais sans détour. N'est-ce pas le rêve de tous ? Mais beaucoup ne s'y attellent pas, car ils ont peur de mal faire. Ils craignent aussi la réaction en face et le fait que l'autre ne les « aime » plus et les « abandonne ».

Les risques du contournement

Ils cherchent donc à acheter la paix et, ce faisant, ils déclenchent la guerre. Il n'y a rien de pire qu'un désaccord larvé sur lequel on n'a pas communiqué.

Stella : « J'ai cru bien faire »

> *« Au bureau, il y avait cette fille avec laquelle je ne me sentais pas à l'aise. J'avais peur de ses réactions, elle était un peu volcanique. Comme je venais de prendre mes fonctions, je marchais sur des œufs, mais je voyais bien qu'elle essayait d'empiéter sur mon territoire. J'ai opté pour l'option douce, je suis sympa, je ne dis rien, pensant que cela allait rentrer dans l'ordre naturellement. Bien sûr, c'est l'opposé qui s'est produit. Elle y a vu une autorisation à marcher encore davantage sur mes plates-bandes. Et le moment où je me suis enfin décidée à lui en parler, c'est la colère qui l'a emporté, de façon anarchique bien évidemment…*
>
> *Je fais pareil avec mon compagnon. Je ne lui dis pas ce que je ressens, j'empile les sujets de discorde et le jour où je n'y tiens plus, je lâche tout ce que j'ai accumulé les semaines précédentes. Donc il a du mal à me suivre et me demande souvent : "Mais pourquoi tu ne m'en as pas parlé avant ?!" »*

Je suis sûre que beaucoup de personnes se reconnaissent en Stella. Vous n'osez pas mettre vos limites de peur de décevoir et vous finissez par vous le voir reprocher. Repousser sans cesse cette discussion inconfortable ne vous rend pas service. L'accumulation des non-dits entraîne douleurs physiques et psychiques (repensez à Mafalda en ouverture de ce livre). Pourquoi dit-on que les personnes très sensibles sont de bonnes candidates au burn-out ? Parce qu'elles fuient le conflit. Elles le détestent. Mais c'est là où se trouve l'erreur d'interprétation. Dire ce qui ne nous convient pas ne revient pas à être en conflit. Cela revient à affirmer ce qui est important pour nous. Le désaccord a sa place s'il ne s'exprime ni dans la domination, ni dans la soumission. Chacun a de la valeur et le droit de se lever pour ce qui compte pour lui, du moment que c'est exprimé dans le respect de l'autre. Les désaccords sont même fertiles et utiles. Ils sont l'occasion de confronter des points de vue et laissent ouverte la possibilité pour chacun de comprendre comment l'autre voit les choses et les ressent.

Si on apprenait aux enfants que le conflit fait partie de la vie plutôt que de les enjoindre à faire sans cesse plaisir aux autres, on aurait moins d'adultes en souffrance qui tentent, par tous les moyens, de ne pas faire de la peine ou redoutent sans cesse le regard d'autrui. Ce n'est pas le but d'une relation saine. Cette dernière doit être équilibrée, doit permettre le partage des ressentis de chaque partie. C'est d'ailleurs ce qu'on appelle la maturité émotionnelle, à savoir la capacité à vivre des émotions inconfortables et à les exprimer. Et l'exemple de

Stella nous montre à quel point la stratégie de contournement de la discussion difficile est contre-productive.

« Ce n'est pas parce que vous faites l'autruche que vous n'allez pas vous faire botter les fesses. », lisais-je il y a peu. Je dirais même que c'est en mettant la tête dans le sable que vous exposez au mieux votre postérieur !

Il vous faut donc une méthode pour bien vous fâcher.

COMMENT BIEN SE FÂCHER

Aristote disait qu'il est facile de se fâcher. Mais que ce qui compte, c'est de se fâcher :

- contre la bonne personne ;
- au moment opportun ;
- de la bonne manière ;
- avec la bonne intensité.

1) Parfois nous choisissons mal nos cibles.

Exemple : une jeune femme apprend que son compagnon l'a trompée avec sa meilleure amie et s'en prend… à la meilleure amie !

2) Il est bon de laisser retomber la colère pour avoir les idées claires.

Exemple : rédiger un courriel de réponse à un collègue sous le coup de la colère, le relire le lendemain matin avant de l'envoyer et en retirer la moitié. Cela évitera pas mal de soucis !

→

Mais il ne faut pas pour autant attendre trop longtemps pour se fâcher, car c'est le meilleur moyen de renoncer !

3) La méthode DESC (dont nous avons parlé précédemment) peut vous être très utile :

- Décrire les faits.
- Exprimer ses ressentis.
- Suggérer ou imposer la solution.
- Conclure avec les conséquences positives pour chacun.

4) Si le ton monte, on propose à son interlocuteur de reprendre la discussion à un moment plus propice, sans se laisser faire pour autant.

Exemple : « Je peux hausser le ton aussi, mais je pense que cela ne nous mènera nulle part. Donc je te propose de laisser reposer cela et de reprendre la discussion quand nous serons dans de bonnes dispositions pour le faire. »

Quels avantages allez-vous retirer de cette discussion ? Votre agacement sera purgé, votre corps vous dira merci. Vous serez à la fois soulagé et fier d'avoir eu le courage d'aborder le sujet. Vous aurez gagné du temps pour la suite de la relation avec votre interlocuteur qui vous en sera peut-être même reconnaissant ! Vous aurez cessé d'être gentil, pour être vrai.

Agressivité n'est pas assertivité

L'assertivité désigne la capacité à s'affirmer, dans le respect des autres. Le concept exclut donc toute forme d'agressivité.

Pourtant, c'est souvent ce qui est reproché aux femmes lorsqu'elles osent partager leurs pensées et leurs positions au travail. On dit d'elles qu'elles se comportent comme des bonshommes autoritaires. À l'inverse, un homme assertif sera vu comme un meneur sûr de lui. Ce qui peut être une qualité chez un homme pourra devenir un défaut chez une femme… La différence entre l'assertivité et l'agressivité serait donc le genre ? Alors qu'elle devrait être à mi-chemin entre passivité et force de conviction. Être assertif c'est être ferme, sans être autoritaire.

L'ASSERTIVITÉ EN ENTREPRISE

Pourquoi cette compétence est-elle si réclamée en entreprise ? Parce qu'elle évite deux écueils :

- la personne qui n'a pas assez confiance en elle et qui n'ose pas s'affirmer ;
- la personne dominatrice qui prend trop de place.

La personne assertive laisse de la place à l'autre et accepte la confrontation des points de vue. Elle ne la craint pas, tout en sachant se faire respecter. Mais c'est aussi une personne qui sait mettre ses limites et osera donc dire « non ». Ce qui peut ne pas toujours plaire à la hiérarchie, d'où l'effet d'affichage parfois de certaines entreprises qui prônent l'assertivité pour aussitôt la dénigrer.

La personne assertive ne fait pas dans la mollesse, dans la mesure où elle sait repérer les moments où être bienveillante pourrait ne pas suffire et où la situation pourrait nécessiter de hausser le ton momentanément pour dire que ce qui se passe ne lui convient pas.

C'est d'ailleurs une des différences entre l'expression émotionnelle et l'assertivité : c'est la frontière ténue entre dire ce qu'on ressent et dire ce qu'on pense (nos croyances fondées sur nos valeurs entrent en jeu). Ces deux compétences comportementales font partie du corpus de l'expression individuelle. Il est bon de pouvoir les conjuguer, car quelqu'un qui partage ses émotions devra aussi se faire respecter et une personne assertive qui ne dit pas ce qu'elle ressent pourra apparaître comme froide, distante, voire indifférente aux yeux des autres.

> **« J'ai été très peinée par notre échange d'hier.// J'ai décidé que cela ne se reproduirait plus// et que si nous avons besoin d'échanger sur un sujet en particulier nous organiserons un rendez-vous à l'avance, plutôt que de faire cela entre deux portes. »**

On peut donc à la fois accepter la contradiction, sans partir au combat, mais en ayant les pieds fermement ancrés dans le sol. On peut aussi se mettre sur le même ton que son interlocuteur, si cela est nécessaire, mais sans oublier que ce n'est pas parce qu'une parole est forte qu'elle est claire. Or nous cherchons à ce que nos idées soient compréhensibles pour que nos messages passent bien. N'y voyez pas de manipulation dans le discours, l'authenticité doit rester de mise dans le dialogue, mais plus ce dernier sera construit, plus il sera impactant. Cela ne signifie pas que vous allez manquer de spontanéité, mais que vous vous serez interrogé en amont de votre prise de parole sur l'intention que vous mettez dans ce que vous souhaitez transmettre.

Et le non-verbal dans tout cela ? Il a aussi un rôle à jouer, de même que le paraverbal, c'est-à-dire le rythme, l'intonation de votre voix. Plus vos attitudes corporelles seront cohérentes avec les messages que vous souhaitez passer, plus ils resteront dans les mémoires. Dans le cas inverse, ils créeront un trouble chez votre interlocuteur qui sentira un manque d'authenticité dans votre démarche.

Vous voyez à quel point c'est un équilibre à trouver et pour lequel il n'y a pas d'autre chose à faire que de s'exercer !

Celui qui reste campé sur sa croyance qu'il faut être autoritaire n'essaiera pas de mettre de la souplesse dans ses échanges.

Celle qui n'ose pas s'affirmer par peur de déplaire ne saura jamais l'effet qu'elle aurait produit si elle l'avait tenté.

Ce qui est certain, c'est que les personnes qui s'y essaient finissent souvent par y prendre goût, car elles constatent qu'elles ne perdent ni leur aplomb, ni le lien avec les autres. Au contraire, ce lien devient plus vrai.

Le « dire-vrai », un risque à mesurer

Pour autant, est-il bon de dire tout ce qu'on ressent ? Y a-t-il des personnes à qui on ne peut pas en parler ? Comment arriver à partager ses ressentis tout en assurant un cadre psychologique sein pour la relation ?

Le paradoxe de la *parrhèsia*

Depuis les écrits de Platon, on a toujours plus ou moins opposé le fond et la forme dans un discours. Ainsi, les détracteurs d'une communication trop bienveillante reprochent sans cesse aux défenseurs du « bien-dire » de manquer de courage. Ils expliquent que la rhétorique ne doit pas être le seul but recherché, au détriment d'une forme d'engagement par la parole. Ils valorisent ainsi le « dire-vrai ». Cette notion de vérité pourrait faire polémique, car si un ressenti ne peut être nié (il existe bien physiquement chez la personne et il ne doit pas être confondu avec un sentiment ou une pensée), il nous convient de définir ce qui est entendu ici par « vérité ». C'est « ce qui est non caché, non dissimulé ».

Le philosophe Michel Foucault a étudié dans les années 1980 ces concepts du dire-vrai, du courage qui fait éclater la vérité, rassemblés dans la *parrhèsia*.

LA *PARRHÈSIA*

C'est Euripide qui parle pour la première fois de cette notion philosophique du « tout-dire ».

Elle est décortiquée par Foucault à partir de 1983[29]. Il la définit comme une prise de parole nécessitant du courage. Elle exprime la conviction personnelle de l'émetteur qui la soutient (cela nous renvoie à la notion d'assertivité). Elle recouvre aussi une forme d'engagement inconditionnel, car celui qui s'y engage sait qu'il peut mettre en danger la relation si la personne en face n'est pas prête à entendre ce que tout le monde voit et tait.

Le parrèsiaste porte donc en lui le courage de la rupture. C'est là tout le paradoxe : il a besoin d'une oreille attentive pour déployer sa parole engagée, mais risque de perdre le lien à l'autre en le faisant. La vérité n'est certes plus dissimulée, mais elle rompt l'harmonie. Le dire-vrai serait donc, selon les propres termes de Foucault, « une exigence à haut risque ».

Qui est prêt en définitive à accueillir la franchise de son interlocuteur sans se sentir blessé ? Certainement celui qui est à l'aise avec l'inconfort de se faire bousculer dans ses croyances, qui n'a pas de problème à voir l'ordre établi remis en question. Car le désir de dire les choses est aussi à l'origine d'une pensée critique

29. *Le Gouvernement de soi et des autres*, t. II : *Le Courage de la vérité (1983-1984)*, EHESS-Gallimard-Seuil, 2009.

qui fait avancer les idées. Elle émane souvent de la bouche de personnes curieuses qui questionnent ce qui est. Poursuivant une valeur d'intégrité, ces dernières vont faire preuve de franchise, tout en sachant que cela peut heurter en face.

Or « savoir déballer une vérité inconfortable mais lourde de conséquences que les gens ont refusé de voir », c'est aussi cela l'intelligence émotionnelle, selon Daniel Goleman. Si tant est que le tout-dire ne se transforme pas en « dire n'importe quoi » ou « tout et son contraire ». Car si Descartes parlait du « je pense, donc je suis », Platon avait anticipé pour sa part un problème très actuel dans nos démocraties, celui du « je le pense, donc c'est vrai », caractéristique de l'ère des réseaux sociaux, et son corollaire « ce n'est pas une fausse nouvelle (*fake news*) puisqu'elle dit exactement ce que je pense ».

C'est là toute la différence entre le ressenti et la pensée.

Distinguer ressenti et pensée

La pensée se construit de façon subjective à partir d'un ressenti.

Par exemple, une amie vous présente une nouvelle connaissance en vous disant du bien d'elle. Mais, en sa présence, vous ressentez un malaise. Votre gêne existe, elle est là et se manifeste dans votre corps. Vous ressentez, intuitivement, que vous avez besoin de mettre de la distance entre vous et cette personne (vous avez besoin de vous protéger – on recherche toujours le besoin derrière l'émotion, souvenez-vous).

Mais, un soir, vous êtes invité chez votre amie et cette femme est présente. Vous parlez avec elle lors du dîner et elle vous dit à voix basse qu'elle trouve que votre amie en commun est désagréable dernièrement. Votre gêne revient instantanément, vous vous dites que cette façon de parler dans le dos des gens vous dérange. Vous pouvez décider de lui dire : « Cette discussion me met mal à l'aise et, par souci de loyauté vis-à-vis de notre amie commune, je ne souhaite pas avoir cette conversation avec toi. »

Vous avez ainsi attendu un exemple concret pour valider votre ressenti premier et l'exprimer à votre interlocutrice en posant vos limites.

On reprend la même histoire, mais à partir de la gêne initiale, vous avez induit une interprétation d'emblée du type : « Je sens que cette personne est mauvaise. » À partir de votre ressenti, vous avez injecté un jugement de valeur dans votre pensée. Ce que vous aurez envie de lui dire lors du dîner sera certainement plus acerbe et direct, du genre : « Je ne te sentais pas depuis le début, tu es mauvaise. » La discussion qui s'ensuit risque d'être un peu houleuse. On peut même imaginer que cette personne tentera de manipuler votre amie en lui disant, après le dîner, que vous n'êtes pas sympa. Vous aurez perdu au change.

On voit que le ressenti pur n'engage que vous. Le partage de votre pensée peut être plus risqué pour la relation, sauf s'il s'accompagne du partage de votre ressenti initial, sans jugement de valeur induit.

On voit ici toute l'importance de ce que nous décidons de partager. La vérité de mon ressenti semble m'acheminer davantage vers une harmonie dans la relation. Là où la vérité de ma pensée peut être encombrée d'interprétations qui risquent de mener à la rupture si je ne m'appuie pas d'abord sur ce que j'ai ressenti. Ce sont deux esthétiques différentes de la vérité.

Les personnes très intuitives, très connectées à leurs ressentis, vont parfois avoir du mal à ne pas les partager, car ce qu'elles « voient » leur semble si évident qu'elles s'étonnent que tout le monde ne s'en rende pas compte. Ce partage peut se faire avec douceur et bienveillance. Mais parfois, elles ressentiront une telle urgence en elles qu'elles prendront le risque de dénoncer ce qui est passé sous silence, de façon plus impulsive, et endosseront le costume de Cassandre, divinité grecque dont personne n'écoutait les prédictions.

La toxicité de ce qui est « passé sous silence »

C'est l'image de l'éléphant dans la pièce, que la plupart des protagonistes en présence voient, mais que personne ne désigne. C'est un non-dit, un tabou dont tout le monde s'accommode… jusqu'au jour où quelqu'un décide de rompre ce pacte tacite pour mettre fin à cette mascarade. Encore une fois, cela pourra lui être reproché. Mais ce faisant, il pointe du doigt la toxicité du silence. Pour le rompre, il doit s'assurer de l'environnement dans lequel il évolue. Si c'est au travail, il va falloir en mesurer les risques (nous y reviendrons). Si c'est dans le privé, et notamment dans les relations amoureuses, il peut en être autrement.

Ces dernières demandent un cadre psychologique rassurant. Ce que les Anglo-Saxons appellent la *safe place*. C'est un « endroit » où nous nous sentons en sécurité émotionnelle.

Savez-vous d'ailleurs que ce sentiment de sécurité est l'aphrodisiaque le plus puissant ?! Eh non, ce n'est pas le gingembre ! Il est d'ailleurs la base de n'importe quel type de relation fonctionnelle. Elle s'obtient lorsque les deux partenaires s'engagent à dire ce qu'ils ressentent, qu'ils mettent en œuvre notre fameuse expression émotionnelle, pour éviter que les non-dits et les malentendus ne s'accumulent. En début de relation, ce n'est pas évident, car chacun marche un peu sur des œufs. Il ne connaît pas vraiment l'autre. Il n'ose pas forcément dire s'il a ressenti quelque chose qui l'a gêné, de peur de paraître « trop » aux yeux de l'autre. Mais ce jeu de dupes ne peut durer si chacun a envie qu'une relation saine s'installe. Il faudra bien en passer par la verbalisation des ressentis pour que la relation gagne en authenticité, mais les personnes qui souffrent d'une forme de peur de l'abandon ne se résoudront pas facilement à le faire.

Marco : « Je me suis auto-saboté »

> *« Quand j'ai rencontré Maria, je sortais de plusieurs relations que je qualifierais d'échecs. Chaque fois j'y ai cru et chaque fois la fille a mis fin à la relation en me disant qu'elle n'était pas certaine de vouloir s'engager. Je voyais bien que j'étais pris dans le même schéma répétitif de la fille fuyante et du gars dépendant. Souvent les opposés s'attirent… mais pas pour les bonnes raisons ici.*

Il m'a fallu une thérapie complète pour mettre le doigt sur ce qui se (re)jouait sans cesse.

En gros, depuis des années, je sentais que ma sensibilité perturbait les femmes (même si elles sont de plus en plus nombreuses à l'accepter de nos jours). Du coup, je finissais par la masquer autant que possible en début de relation pour ne pas "faire peur". Sauf qu'au bout de quelque temps, après m'être tant suradapté, elle ressortait forcément et la fille en face avait l'impression de ne plus me connaître. Cela la déstabilisait et elle finissait par ne plus être intéressée. Pire, elle sentait qu'elle avait été flouée.

Donc elle s'en allait, alors que c'était l'inverse de ce que j'avais recherché.

Je sais maintenant que je dois accepter toutes ces parties de moi, et notamment ma sensibilité, pour jouer franc jeu avec la personne que je rencontre, quitte à verbaliser assez rapidement mes ressentis, mes vulnérabilités. »

L'exemple de Marco nous montre à quel point un cadre clair est crucial pour la relation. À l'opposé, le silence est source de stress et d'anxiété.

Vous avez peut-être entendu parler du phénomène de *ghosting* sur les applications de rencontre ? Géraldyne Prévot-Gigant en parle dans son dernier livre *Les Femmes et l'Amour*[30]. C'est ce qu'elle

30. *Les Femmes et l'Amour. Comment bien vivre l'amour à l'heure du dating, du ghosting et du zapping*, Leduc, 2023. Interview disponible sur mon podcast « Ma résolution coaching » : *https://soundcloud.com/fanny-marais-962477738.*

appelle « l'art de se volatiliser », rendu d'autant plus possible qu'on est planqué derrière une application. La personne qui se transforme en fantôme disparaît complètement de la circulation sans donner d'explication. Cela génère chez la personne « ghostée » un réel sentiment d'incompréhension. Elle se demande ce qu'elle a bien pu faire pour que la personne la laisse ainsi. Elle va se mettre à retracer les événements, les derniers échanges, pour essayer de comprendre. Cela peut devenir obsessionnel.

Ce comportement de *ghosting* est toxique dans la mesure où il laisse l'autre se débrouiller pour trouver des explications. Le « ghosteur » n'a pas le courage ou l'envie d'exprimer qu'il souhaite couper le lien (mettons de côté les personnes qui disparaissent car elles se sentent en danger avéré dans la relation). En agissant ainsi, il ne donne aucune valeur ni n'octroie aucun respect à son interlocuteur.

C'est une vraie violence psychologique pour celui qui est quitté, car il se sent nié dans son identité, surtout s'il a déjà connu des abandons.

C'est le cas de Marco qui peut souffrir d'une forme de dépendance affective. C'est-à-dire qu'il se sent incomplet seul. Il ne se donne pas à lui-même la valeur qu'il accorde (parfois à tort) aux autres (c'est souvent lié à un mode d'attachement ancré depuis l'enfance). Il cherche alors à tout prix à être en relation pour se compléter grâce à l'autre mais, ce faisant, il perd une partie de lui-même lorsque l'autre s'en va. Comme il a remis les clés de son bonheur dans les mains d'une autre personne et qu'elle n'est pas là, la rupture est d'autant plus douloureuse et vécue comme un deuil terrible à surmonter.

Le silence peut aussi être employé au sein même du couple comme arme de destruction massive par celui qui désire quitter l'autre, mais ne sait comment le faire. Il décide, du jour au lendemain (souvent sur un prétexte fallacieux), d'installer le silence entre lui et son compagnon ou sa compagne. Par volonté de nuire à l'autre ou parce qu'il est incapable d'exprimer ses ressentis, il s'enferme dans un mutisme dévastateur et peut même aller jusqu'à se victimiser (il entre alors dans un jeu psychologique de manipulation). Il démissionne pour ainsi dire de sa responsabilité affective et laisse l'autre décider de la suite de la relation.

Cette stratégie de non-confrontation révèle, au mieux un manque d'aptitude à s'exprimer émotionnellement, au pire un manque d'autocritique et d'empathie.

Julia : « J'étais dans un état de sidération »

« Cela faisait quelques années que nous habitions ensemble. Nous étions très souvent en conflit. J'ai tendance à exprimer mes émotions, là où mon ex-compagnon était beaucoup moins loquace. Il semblait même parfois bloqué dans sa bulle, jusqu'au moment où il explosait.

Il y avait bien évidemment des phases de complicité, mais la relation n'était pas saine. Il me faisait croire, par exemple assez fréquemment, qu'il n'avait pas dit telle ou telle chose quand je lui reprochais certaines de ses paroles. Cela me faisait perdre la boule. J'ai appris dans mes lectures qu'on appelle cela le gaslighting *en anglais. Ce phénomène consiste à inverser les rôles de victime et de manipulateur. J'étais la folle qui mentait.*

Un jour, il s'est agacé sur un détail du quotidien et à partir de là, il ne m'a plus adressé la parole, sauf quand lui en avait besoin. Je n'avais droit ni à "bonjour", ni à "au revoir". Nous nous croisions comme des zombies dans la maison.

Dans les premières semaines, j'étais vraiment sidérée. Il m'a fallu du temps pour comprendre ce qui m'arrivait. Mon corps m'a envoyé des signaux très forts pour que je prenne conscience de la toxicité de la relation et me donner le courage de le quitter. Ce que j'ai fini par faire.

Mais j'ai mis des années à m'en remettre. J'avais l'impression d'être dans une situation similaire à un choc post-traumatique, avec une anxiété permanente et accrue lorsque je rencontrais de nouveaux hommes. »

Ce témoignage montre à quel point ne pas dire ce qu'on ressent peut faire des ravages dans les relations intimes. Cela laisse trop de place à l'imagination chez l'autre, surtout si ce dernier a tendance à beaucoup analyser ce qui lui arrive.

Mais c'est la même chose au travail où certains utilisent le *silent treatment* (traitement par le silence en français) pour punir un collègue dont l'attitude leur aurait déplu. C'est aussi ici une forme de manipulation psychologique visant à sanctionner son interlocuteur. Ce traitement peut provoquer un choc émotionnel chez celui qui le subit, surtout s'il s'entendait bien avec ce collègue et que le changement est brutal. Cela vient nécessairement toucher son besoin d'appartenance au groupe. Lorsque cela se produit, la victime peut chercher du soutien auprès de son manager. Si ce dernier ne propose pas de médiation, l'employé risque de se sentir lâché par l'entreprise.

Il en est de même pour les non-dits ou les rumeurs de restructuration, par exemple. Si elles ne sont pas rapidement clarifiées, les salariés commenceront à se perdre en conjectures angoissantes. Le climat risque de devenir pesant et les relations de s'envenimer. Le travail n'est alors plus du tout la *safe place* escomptée.

En bref, quand on a du respect pour l'autre et qu'on souhaite lui offrir une forme de sécurité psychologique, on ne le laisse pas jouer aux devinettes.

C'est d'ailleurs souvent ce que les autistes réclament aux neurotypiques : qu'ils disent les choses clairement.

À RETENIR

L'assertivité se situe entre :

- passivité et agressivité ;
- mollesse et autorité ;
- soumission et domination.

Si l'**expression émotionnelle** vise à dire ce qu'on ressent, l'**affirmation de soi** (l'assertivité) est l'étape suivante qui nous permet de dire ce qu'on pense (les croyances, les valeurs entrent en jeu). Mais elle ne peut faire l'économie d'une expression émotionnelle qui vient expliciter nos pensées.

Quand je partage mes ressentis, je fais d'abord un retour sur moi pour réfléchir à mon besoin et je suis dans la recherche d'une forme d'apaisement avec moi-même et avec l'autre.

Partager ses pensées n'induit pas de violence, mais comporte une part de risque quand nous introduisons des jugements sur les autres qui peuvent rompre l'équilibre relationnel.

ET SI LES NEUROATYPIQUES AVAIENT RAISON ?

S'il est un besoin commun à toute la population neuroatypique, c'est bien celui de clarté dans les échanges. Le politiquement correct, pire le mensonge, ne font pas vraiment partie de leur ADN. Il leur est même très difficile de comprendre pourquoi il faudrait en passer par des subterfuges pour communiquer. N'ont-ils pas raison au fond de prôner cette forme de sincérité ? Serait-ce pure naïveté chimérique ?

Le besoin viscéral de clarté

Le second degré, les sous-entendus, les implicites, autant d'expressions qui nous montrent que la clarté n'est pas vraiment le but recherché quand nous les utilisons. Alors, pourquoi dire les choses ainsi, de façon voilée, masquée, indirectement ?

La sincérité au cœur des échanges

Mais c'est vrai après tout ! Qui n'a pas déjà été agacé par quelqu'un qui, pour faire une blague, raconte une énormité, histoire de voir si l'autre va y croire ? La plupart des gens trouvent cela drôle, là où les personnes qui ne perçoivent pas le second degré ou lisent mal le non-verbal de leurs interlocuteurs vont juste se sentir dans l'inconfort avec cette personne.

Le manque d'honnêteté dans les échanges interpersonnels est une source de souffrance récurrente chez les profils neuroatypiques. Pour se sentir en sécurité émotionnelle, nous disions précédemment que la clarté du cadre de l'échange est primordiale. Comment faire confiance à quelqu'un qui dira parfois ce qu'il pense et, à d'autres moments, travestira la réalité pour amuser la galerie ?

« Que les choses soient bien claires » pourrait être le leitmotiv de ceux qui veulent avancer dans la discussion sans marcher sur des œufs. On dit ce qu'on ressent, on nomme un chat un chat, et tout ira bien.

Morgane Alvaro : « Je n'avais pas compris que c'était un rendez-vous amoureux »

Dans un des épisodes de la série « HPI » diffusée en 2023 sur TF1, Morgane Alvaro, l'héroïne, retrouve le commandant Karadec qui lui a proposé d'aller dîner dans un restaurant qu'ils affectionnent tous les deux.

Pensant se rendre à un rendez-vous de travail pour faire le bilan sur son infiltration à l'occasion d'une mission, Morgane, comme à son habitude, parle beaucoup... Jusqu'au moment où elle se rend compte que le commandant n'est pas très assidu et où elle sent son parfum. Elle relève alors qu'il s'est mis sur son 31 et lui demande abruptement : « Mais c'est un rendez-vous galant ?! » Ce à quoi il répond par l'affirmative, et Morgane de se fâcher contre lui en lui reprochant de ne pas l'avoir prévenue et de lui avoir laissé le soin de décoder !

Cela peut prêter à sourire, mais c'est assez typique des femmes HPI (et/ou Asperger) qui ont besoin qu'on leur dise clairement les choses, notamment quand il s'agit de relations amoureuses.

L'inconnu, l'imprévu, sont une source d'angoisse pour elles et, par conséquent, elles peuvent avoir besoin de se préparer pour ce genre d'interactions (quitte à avoir des scripts-types en tête). Savoir quel est le cadre de l'échange peut donc leur retirer une forte charge mentale. C'est aussi une façon pour elles de garder un peu de contrôle dans une situation qui leur provoque de l'anxiété.

Par ailleurs, si elles vous demandent un *feedback* ou un avis sur un sujet, elles attendent de vous un retour sincère. C'est très rassurant pour elles dans la discussion. Elles n'ont de toute façon par peur de cet avis puisqu'elles le sollicitent. Elles vous font confiance, mais si vous atténuez vos propos par crainte de leur déplaire, vous perdrez toute crédibilité à leurs yeux. Cela générera à nouveau chez elles de l'anxiété à l'idée qu'elles soient obligées de décrypter ce que vous n'avez pas totalement dit (et pas seulement dans cette situation-là).

Il va de soi qu'elles vont penser pouvoir faire usage de cette même sincérité envers vous, et elles tomberont de l'armoire si elles découvrent que ce n'est pas toujours ce qui est attendu ! Elles sont toujours très affectées de constater qu'on ne peut pas se dire les choses.

Voici l'exemple pris par Isabelle Faguy, dans son excellent et très complet ouvrage disponible en ligne[31], pour illustrer ceci :

> « Je marchais avec un copain autiste. Il m'a dit quelque chose qui serait impensable qu'un gars dise à une amie :
>
> **"Ta posture laisse à désirer, tu devrais faire des exercices pour te tenir plus droite."**
>
> Typiquement autiste : franc, direct (brutal selon les standards neurotypiques), honnête. Je sais pour ma posture, mais j'ai d'autres choses plus urgentes à travailler sur moi. Par contre, c'est intéressant de constater qu'aucun copain neurotypique ne m'a jamais fait de commentaire sur ma posture. Les seules personnes qui m'ont fait des commentaires sur ce sujet sont tous des copains autistes. »

Faisons l'exercice de reformuler ce qui pourrait être accepté du plus grand nombre en termes d'expression émotionnelle :

---

31. « L'adulte autiste, comment mieux intervenir auprès des adultes autistes », *https://archive.org/details/ladulteautistecommentmieuxinterveniraupresdesadultesautistes/mode/2up?view=theater*, 2020.

> **« Quand je te vois le dos courbé, je m'inquiète pour toi, cela te fait-il souffrir ? (J'ai besoin d'être rassuré sur le fait que cela ne te fait pas souffrir.) »**

La compassion présente dans cette formulation peut déclencher de la reconnaissance chez son amie qui constate que son copain s'inquiète pour elle.

La formulation « ta posture laisse à désirer » induit, elle, une inférence, un jugement. Selon la susceptibilité de la personne en face, cela peut poser difficulté. Par ailleurs, le fait de donner un conseil non sollicité peut être un problème. Certaines personnes détestent en effet qu'on leur dise ce qu'elles doivent faire !

Mais reconnaissons que si l'intervention de cet ami peut paraître maladroite aux yeux de certains, il ne cherche pas à blesser sa copine. Il va juste droit au but. Or certains ont besoin de ces échanges directs sans salamalec. D'ailleurs, à la version « polissée » proposée précédemment, la jeune femme autiste pourrait répondre : « Attends, qu'essaies-tu de me dire au juste ? Sois plus clair s'il te plaît. »

Cet exemple nous dit aussi que nous pouvons ajuster notre mode de communication en fonction de notre interlocuteur. Si nous nous « pluggons » sur son canal, ce sera plus facile pour nous de faire passer des messages.

Mais Isabelle Faguy va plus loin dans la conclusion qu'elle tire de cet exemple : « Le fait que les autistes disent directement ce qu'ils ont à dire, sans employer de sous-entendus ou de double sens, cela dérange toujours beaucoup les neurotypiques. [...]

J'ai remarqué que les neurotypiques qui me reprochaient le plus d'être franche et directe étaient en fait ceux qui étaient le moins capables de s'affirmer, de faire valoir leurs besoins et leurs idées. Ils étaient jaloux de ma capacité à parler franchement, à exprimer mon opinion sans crainte du jugement ou du rejet. »

Il me semble que ce point est crucial. Il renvoie à la notion jungienne de l'ombre, cette partie de notre caractère qu'on a laissée de côté de peur de ne pas être aimé des autres. C'est l'exemple de la petite fille sage qui ne dit pas ce qu'elle ressent parce que « cela ne se fait pas », comme on lui a appris dans l'enfance. Par voie de conséquence, elle va être potentiellement agacée par le comportement de quelqu'un qui s'autorise à faire ce qu'elle ne se permet pas depuis des années.

La bonne nouvelle, c'est qu'elle peut réintégrer progressivement son ombre en laissant de côté les injonctions familiales et éducationnelles qu'elle a intégrées et finir par dire ce qu'elle ressent sans éclipser pour autant la dynamique relationnelle.

En fait l'idéal serait, qu'on soit neuroatypique ou pas, de faire tout, sauf semblant.

L'incompréhension face au politiquement correct

Beaucoup associent la communication des hommes politiques à de la langue de bois : tout, sauf dire les choses clairement, pour ne pas trop se mouiller, voire déraper, et devoir se dédire ensuite. Et s'il est bien un domaine où les émotions ne sont pas mises en avant, c'est le monde politique. La rhétorique, l'art du discours convaincant, voire manipulateur, l'emporte sur la transparence des propos.

Celui qui comprendra que répondre clairement à des questions posées, oser changer d'avis si nécessaire, reconnaître qu'il s'est trompé et montrer qu'il est un être humain pourvu d'émotions, celui-là aura gagné le cœur des électeurs ! Mais cela n'arrivera pas *a priori*, car alors il faudrait changer tout un système fondé sur la non-vulnérabilité, le calcul stratégique et le manque de courage qui ont éloigné les électeurs des urnes. Et donc, si l'un de ces hommes (ou femmes) politiques s'aventurait à rompre ces règles tacites de communication, à moins qu'il ne soit massivement suivi, il se verrait nécessairement puni et éjecté par le système.

C'est un peu la même chose en entreprise, mais de façon moins radicale. Certains essaient de faire bouger les lignes en proposant des modèles de management différents, en mettant en avant leur sensibilité et leur capacité à s'appuyer sur leurs émotions pour diriger. Mais s'ils ont eu le malheur de s'exprimer un peu trop, ils se retrouvent rarement tout en haut de l'échelle… La preuve en est que les entreprises vont bien souvent chercher des consultants extérieurs pour faire passer les messages difficiles. Pourtant, on entend beaucoup parler de « conversations courageuses » dans les grandes entreprises. Par qui sont-elles alors portées ?

Là aussi le champ sémantique est intéressant à analyser puisqu'on parle de « politique d'entreprise » ou de communiquer avec « diplomatie ». Nous voilà replongés dans un monde feutré qui ne semble pas toujours rimer avec clarté.

Heureusement, il existe bien des témoignages qui nous prouvent que la sincérité paie.

Justine : les autistes Asperger sont des trésors pour l'entreprise

> *« Il est compliqué pour moi d'analyser [...] les comportements implicites, le second degré. Et surtout, je suis sans filtre. Ma sincérité a fait du bien à tout le monde [...]. Mes coéquipiers savent qu'avec moi, ils peuvent aller droit au but. [...] La communication [n'en est que] meilleure.*
>
> *Les jeux de pouvoir n'ont pas lieu d'être, puisque de toute façon, je ne les comprends pas ! Et je ne suis pas une exception. Les études prouvent que dans une équipe accueillant un autiste, les niveaux de cohésion et de motivation augmentent de manière générale. »*
>
> La société SAP a lancé son programme « Autism at Work » (« Autisme au travail ») en 2013 qui a permis à Justine de prendre le poste de responsable des affaires publiques à trente-trois ans.
>
> Article de *Welcome to the Jungle*, 16 novembre 2021.

Les personnes avec TSA disent ce qu'elles pensent en entreprise, car elles ne font pas de différence entre la personne qui nettoie les bureaux le matin et le CEO. Ce qui ne les sert pas souvent, car force est de reconnaître qu'au travail, il vaut mieux s'entendre avec les personnes influentes plutôt que celles « invisibilisées »...

Là où certains vont savoir faire la révérence, d'autres en seront absolument incapables, sous peine de piétiner leurs valeurs. Là aussi, il « suffirait » qu'un directeur général rompe cette tradition et demande à chacun de s'adresser à lui avec franchise pour que ces relations insincères cessent. *Exit* les courbettes et les faux-semblants, bonjour les propositions de solutions fondées sur les compétences et les idées novatrices. Mais, comme le précise Rémi Uzzan, fondateur d'Othentik – agence d'innovation par la singularité comme il aime la définir –, cela demande que le DG en question soit ouvert à la critique, qu'il sache se remettre en question.

NEUROATYPIES ET VULNÉRABILITÉ

Selon Rémy Uzzan, « les profils neuroatypiques peuvent être confrontants en entreprise, car ils vont dire les choses avec franchise, souligner sans filtre les éventuels dysfonctionnements. Cela demande que la personne en face n'ait pas de problème à être bousculée dans ses opinions.

Ils sont aussi tellement habitués à vivre avec leurs vulnérabilités qu'ils n'ont pas peur de les montrer ! Dans un sens, c'est très positif, car cela incite leurs collègues à en faire de même et la confiance peut ensuite s'installer au sein de l'équipe. L'arrivée d'un salarié neuroatypique est d'ailleurs l'occasion de faire le point sur le mode de communication utilisé en interne.

→

C'est encore mieux lorsque la différence est affichée par les dirigeants qui en sont eux-mêmes porteurs. Je pense par exemple à Jean-Claude Le Grand, directeur général des relations humaines chez L'Oréal (vous aurez remarqué le titre). Il a pris la parole en 2023 pour parler de sa dyslexie, incitant ses salariés à se sentir plus à l'aise avec leurs spécificités et donnant aussi confiance à ceux qui craignent de ne pas gravir les échelons professionnels du fait de cette dyslexie. Même s'il sait que, paradoxalement, c'est presque plus simple de le faire dans sa position, sa démarche n'en est pas moins courageuse et vertueuse ! »

Gageons que les exemples de sincérité assumée dans les relations interpersonnelles se multiplieront à l'avenir ! Car « qui est dysfonctionnant finalement ? L'autiste Asperger qui, tel le misanthrope, ne peut ni mentir ni valider un illogisme ou cette majorité de gens à la morale très approximative ? », s'interrogeait déjà Christel Petitcollin, en 2010, dans son livre *Je pense trop*[32].

Au final, viser l'intégrité et l'authenticité demande de l'amour de soi. Il faut, en effet, bien se connaître et se respecter pour oser rester soi-même dans ses paroles. Dire les choses sans complaisance et sans craindre le regard d'autrui. Voilà une manifestation pleine et entière de la liberté ! Oser mettre à l'extérieur de soi ce qu'on ressent, oser s'exprimer c'est se respecter ! Ce que Gislaine Duboc, proche de la mouvance chamaniste, a

32. *Je pense trop*, Guy Trédaniel, 2010.

condensé sur Instagram, à l'été 2023, dans la formule : « Quand tu es sonore, tu t'honores ! »

Vous reconnaîtrez que nous sommes très loin d'une autre vision entendue sur France Bleue, à la même période, dans la bouche de José Garcia : « Il faut mentir pour arranger le social[33]. »

Un monde sans mensonges : rêve ou utopie ?

José Garcia nous a pourtant tant fait rire ! Cette phrase est d'autant plus surprenante dans sa bouche qu'il n'était pas le dernier à dire les choses crûment sur les plateaux de la chaîne de télévision Canal+, dans les années 1990, aux côtés d'Antoine de Caunes. Mais il est vrai qu'il incarnait alors un personnage et que c'est tout l'intérêt de la médiation d'un rôle dans lequel on se glisse pour dire ce qui est normalement tu.

L'humour comme passe-droit

« On peut rire de tout, mais pas avec tout le monde », cette formule, souvent attribuée à l'humoriste aujourd'hui décédé Pierre Desproges, souligne la difficulté d'une transparence totale avec ceux qui ne sont pas à l'aise avec l'autodérision notamment. C'est le même cas de figure précédemment cité du chef d'entreprise qui n'a pas envie d'entendre des opinions confrontantes contraires aux siennes. Il faut beaucoup d'humilité pour pouvoir les accepter, ou avoir envie, *a minima*, de faire un pas de côté pour réfléchir autrement. Les meilleurs humoristes sont d'ailleurs bien

33. Émission de Déborah Grunwald du 20 août 2023.

souvent ceux qui nous font voir une réalité banale sous un angle complètement différent... Tiens, cela me fait penser aux idées divergentes, « en dehors de la boîte » comme on dit, souvent attribuées aux personnes neuroatypiques.

Florence Mendez : autiste Asperger et humoriste

> *« Je suis une personne vulnérable, fragile et d'un autre côté je suis une personne très combative, qui n'a pas peur de l'affrontement, malgré cette vulnérabilité. Je suis montée sur scène telle que je suis et cette sincérité, elle s'exprime aussi dans un humour très cash. [...] Beaucoup de gens pensent que mon autisme est un frein pour prendre la parole en public, alors qu'au contraire, ça m'aide beaucoup. Comme je n'ai pas intégré les codes sociaux, je ne comprends pas bien où se situent les limites. De ne pas réussir à les situer ne me donne pas l'impression de les transgresser, du coup je dis les choses comme elles me viennent, c'est pas réfléchi. [...] Mais je ne ferai pas une blague aux dépens d'une personne uniquement parce que ça fait rire, ça n'a aucun intérêt. [...]*
>
> *L'humour, c'est la philosophie des modestes, c'est une manière d'essayer de faire passer des idées, tout en étant moins grandiloquent que la philosophie. »*
>
> Propos recueillis par *Entracte*, décembre 2023.

Dans son spectacle « Délicate », l'humoriste belge aborde la question de la santé mentale et partage ses ressentis avec un humour décapant. Elle n'a pas non plus hésité à monter au créneau sur BFMTV lors de « l'affaire Depardieu » (déclenchée à la suite de la diffusion d'un reportage dans l'émission « Complément d'enquête » et de la prise de parole du président Macron, à la fin de l'année 2023). Dans la foulée, elle s'est sentie investie d'une mission pour créer le #metoo dans le stand-up et dénoncer certains humoristes, jusqu'à se mettre en danger. Elle le dit elle-même sur ses réseaux sociaux : « Mon besoin viscéral de vérité et de justice me ronge. Je DOIS arriver à lâcher prise et laisser le travail journalistique et judiciaire se faire. [...] Ma force militante ne doit pas venir masquer ma vulnérabilité en tant que personne autiste. » Tout est dit.

Certains, comme Florence Mendez, optent pour l'engagement et la parole crue. Ils prônent le courage du refus et celui de la dénonciation. D'autres communiquent leurs ressentis avec plus de rondeur pour s'assurer que leurs messages passent. Je pense, notamment, à Alex Ramires, dont la sensibilité me touche. Il dit lui-même, dans son spectacle « Sensiblement viril », que « ses émotions dansent à poil dans le jardin » et que pour savoir ce qu'il pense il suffit de le regarder dans les yeux. Il aborde la question de l'homosexualité, comme beaucoup avant lui, mais avec ses armes : énergie et douceur.

L'humour peut aussi être une façon de masquer ses ressentis, de les mettre à distance. Chandler, le personnage de Matthew Perry, qui nous a quittés en 2023, dans la série « Friends » au succès planétaire, s'en servait comme d'une barrière de protection. Ainsi se présentait-il : « Je suis Chandler et je fais des blagues quand je ne suis pas à l'aise. »

L'humour serait donc un moyen de parler autrement de nos ressentis. Pour le reste de la population, il peut aussi faire office de formidable exutoire. Les « comiques » vont verbaliser ce que tout le monde pense sans oser le dire. C'est pourquoi les sketchs sur le monde du travail ont toujours beaucoup de succès !

Florence Foresti imagine, dans son spectacle « Boys, Boys, Boys », une vie dans laquelle les femmes cesseraient d'être gentilles, diraient la vérité, sans pour autant passer pour folles :

> – Bonjour patron, ça va ?
>
> – ...
>
> – Non j'ai pas les photocopies, non, les 700 photocopies là ?
>
> – ...
>
> – Parce que j'ai BAC + 7, bah du coup, je me dis que c'est pas dans mes cordes. Mais demandez à Laurent, [...] il est payé 1 000 € de plus que moi pour le même job, donc je pense qu'il pourra vous faire cette faveur !
>
> [...]
>
> – Ah Laurent, au fait, tu sais la présentation au client cet après-midi... C'est moi qui vais la faire en fait.
>
> – ...
>
> – Bah comme c'est mon idée et que tu te l'es appropriée ça ira plus vite, de toute façon t'auras pas le temps, t'as tes photocopies à faire ! (rires).

Des années plus tôt, l'excellente Alexandra Lamy, alias « Chouchou » dans « Un gars et une fille », passait un entretien d'embauche :

> – Qu'est-ce qui vous motive dans ce poste mademoiselle ?
>
> – Bah le salaire.
>
> – Oui, mais à part ça ?
>
> – À part ça ? Bah rien. Vous voulez que je sois motivée par quoi ? Par le fait de me réveiller tous les jours à 7 heures du mat ? Pour me taper 2 heures d'embouteillage pour venir bosser ? Pour me coltiner pendant 8 heures des gens à qui j'ai strictement rien à dire ? Pour faire un sale boulot débile et mal payé en plus ?! *(Soupir de soulagement.)*
> Je suis désolée mais fallait que ça sorte !

Ces deux exemples ne sont-ils pas encore aujourd'hui de formidables défouloirs pour certains ? Ils nous proposent un monde où nos pensées les plus secrètes seraient énoncées à voix haute.

> Tom Villa s'en est inspiré pour proposer de courtes vidéos sur YouTube intitulées « Sans mensonges », dont une qui met en scène un pot de départ :
>
> DRH : Fabrice nous quitte pour réaliser ses projets personnels...
>
> Fabrice : Mes projets personnels c'est le Pôle Emploi, vous m'avez viré !
>
> DRH : Bon ! J'ai fait mon petit discours, j'vais quand même pas rester pour boire du mousseux dans des gobelets en plastique !

C'est parce qu'ils dépeignent une réalité trop souvent vécue par certains que ces exemples sont savoureux. Mais ils en disent aussi long sur notre incapacité à faire preuve de franchise dans certains environnements, notamment professionnels. Pourtant, qui n'a jamais pensé que ce serait quand même bien plus simple de se dire les choses clairement ?! Ne pas être honnête pour sauver les apparences, éviter de froisser, tout cela est en réalité le signe de relations marquées par de la domination. Même lorsque les salariés quittent leur entreprise, ils n'osent pas dire ce qu'ils ont sur le cœur, parler des histoires pas très reluisantes auxquelles ils ont assisté, par crainte que cela ne leur porte préjudice dans la suite de leur « carrière ». Peur et sécurité sont préservées au détriment du courage et de la liberté de ton. Et c'est bien de cette dernière dont les humoristes s'emparent pour nous soulager ! Ils jouent, à ce titre, un véritable rôle social, au-delà de celui de nous distraire et de nous faire rire.

Ceux qui s'en inspirent et arrivent à faire preuve d'humour pour faire passer des messages peuvent plus facilement tirer leur épingle du jeu lors de conflits relationnels en entreprise. À condition de bien maîtriser la formule ! Avoir de l'humour ferait d'ailleurs partie des qualités du collègue idéal en 2024, citées par un tiers des actifs interrogés[34], aux côtés de l'honnêteté ! (Tiens… n'est-ce pas une thématique que nous abordons depuis le début de cet ouvrage ?) Mais cela ne vaut apparemment pas pour le sexe féminin ! Il semblerait qu'il ne soit ainsi pas

34. Enquête menée par *Welcome to the Jungle* fin 2023.

conseillé aux femmes d'être drôles au travail : « Si l'humour aide les hommes à évoluer dans le monde de l'entreprise, il nuirait à la carrière des femmes ! » C'est ce que révélait une étude américaine, parue en 2019, dans le *Journal of Applied Psychology*[35]. Le rire, rappelle aussi Olivia Gazalé dans son dernier ouvrage[36], a longtemps été « une prérogative réservée au genre masculin ». Pendant des années, pour des raisons de bienséance, cela ne se faisait pas pour une femme de rire, « parce qu'une femme qui rit, c'est un peu un corps qui s'ouvre ». Il ne faudrait pas non plus que les femmes sortent de leur boîte à musique et fassent preuve de vulgarité !

La vulgarité, parlons-en justement. Il est prouvé[37] que les gros mots ont une vertu libératrice tant au niveau physiologique, que cognitif ou émotionnel ! En activant notre système nerveux, ils libèrent de l'adrénaline et font diminuer la sensation de douleur. Et pourtant, depuis notre plus jeune âge, on nous apprend qu'il ne faut pas dire de gros mots. Peut-être les parents d'aujourd'hui, qui ont appris à « accueillir une émotion douloureuse mais nécessaire », comme le disait un soir en plaisantant l'humoriste Pablo Mira dans l'émission « Quotidien », oseront-ils changer leur fusil d'épaule à ce sujet ?

---

35. Citée dans un des articles de *Welcome to the Jungle* les plus lus en 2023.
36. *Le Paradoxe du rire : Et si ce n'était pas toujours drôle ?*, Seghers, 2024.
37. Revue *L'ADN*, 24 novembre 2022.

Le monde artistique n'est pas en reste

Chez les acteurs aussi l'humour est apprécié. Ce sont souvent ceux dont le caractère est tranché et le vocabulaire fleuri qui ont la plus grosse cote de popularité ! Ils ne souffrent pas de ce que Diderot appelait « l'esprit d'escalier ». Ils possèdent cette répartie spontanée que le quidam leur envie, lui qui trouve toujours sa réplique trop tard... une fois qu'il est arrivé en bas de l'escalier.

Celui qui, à mes yeux, incarne si bien ces caractéristiques, c'est Jean-Pierre Bacri. Malgré un léger bégaiement, il disait toujours ce qu'il pense, sans détour, dans quasiment tous les rôles qu'il aura eu à jouer. Dans *Le Goût des autres* (2000), il s'emporte contre son nouveau et jeune patron, fraîchement débarqué de Paris :

> **– Faut arrêter de me parler comme ça hein ! C'est pas parce que vous arrivez de Paris avec vos diplômes qu'il faut vous croire le roi du monde hein ! Ça va ! Je serai à l'heure demain, ça va ! Vous avez autre chose à me dire ?**
>
> **– Non.**

Alors ce n'est assurément pas la meilleure façon de s'adresser à une personne avec qui on va être amené à travailler, mais le personnage de J.-P. Bacri aura certainement parlé au nom de ses autres collègues qui, eux, tels des passagers clandestins, ne paient pas leur billet mais profitent quand même du voyage.

Des années auparavant, dans une scène de *La Crise* devenue culte, Zabou Breitman dit tout ce qu'elle a sur le cœur à son compagnon avec qui elle ne souhaite pas emménager :

> « Je veux vivre seule, seule, seule, tu comprends ? [...] Je veux pouvoir rentrer à n'importe quelle heure, bouffer sur un coin de table, inviter des copains, faire le ménage seulement une fois par an si ça me chante, je veux dépenser mon fric à ma façon [...] Je ne veux pas d'un mec étiaffé sur mon canapé qui bâille en disant : "Qu'est-ce qu'il y a à bouffer ce soir ?" [...], je ne veux pas de tes chaussettes sales dans mon panier à linge, je ne veux pas te demander si t'es d'accord de regarder le film au lieu du sport, je ne veux pas, je ne veux pas ! »

Elle parle là aussi pour beaucoup de femmes qui, dans les années 1990, n'osaient pas s'affirmer autant qu'elle. Mais cela signifie-t-il qu'on ne peut dire ce qu'on ressent que lorsqu'on incarne un rôle ? Les acteurs, comme les humoristes, seraient-ils là pour nous soulager et éviter que nous ne mettions nous-mêmes nos relations interpersonnelles en danger ?

La chanteuse Sinead O'Connor, décédée en 2023, expliquait que « le travail d'un artiste consiste parfois à créer des conversations difficiles qui doivent avoir lieu ». C'est ainsi qu'en 1992 elle déchira une photo du pape Jean-Paul II en direct à la télévision pour protester contre les abus sexuels au sein de l'Église catholique. Les artistes engagés nous préserveraient-ils d'une potentielle rupture du contrat social ? En disant la vérité, ils nous éviteraient d'être désalignés ?

Qui ne rêverait pas en tout cas d'avoir la même assertivité que Zaz, dans la chanson « Je veux »[38] (« vouloir », le verbe de l'affirmation de soi par excellence !) ?

> « Allons ensemble découvrir ma liberté,
>
> Oubliez donc tous vos clichés,
>
> Bienvenue dans ma réalité.
>
> [...]
>
> Je parle fort et je suis franche, excusez-moi [...]
>
> J'en ai marre des langues de bois, j'me casse de là. »

À RETENIR

On peut être à la fois :

– franc et gentil ;

– cash et bienveillant.

La clarté dans n'importe quelle relation donne un cadre sécurisé. Le sentiment d'insécurité émotionnelle ne dépend ainsi par d'un désaccord potentiel, mais d'un manque de connexion. Or dire ce qu'on ressent ne devrait jamais mettre en danger une réelle connexion.

---

38. Kerredine Soltani, Tristan Solanilla ©Sony ATV Music Publishing France, 2011.

Si cette dernière est sincère, nous devrions pouvoir nous dire les choses. Tout comme les humoristes s'y autorisent, car « en plaisantant, on peut tout dire, même la vérité » (Freud).

CHAPITRE 3

Expression émotionnelle et conscience de soi : le duo gagnant dans les relations !

« Ce qui probablement fausse tout dans la vie c'est qu'on est convaincu qu'on dit la vérité parce qu'on dit ce qu'on pense », écrivait Sacha Guitry en 1947[39]. Voilà un bon résumé du fil déroulé depuis le début de ce livre !

Dire ce qu'on pense sans en expliquer les causes émotionnelles peut avoir un effet dévastateur sur nos relations. Faire preuve d'assertivité n'a pas, par ailleurs, pour finalité de dominer l'autre. Nos ressentis sont vrais, dans le sens où ils existent, mais ils ne dévoilent pas une vérité censée l'emporter sur d'autres visions de la réalité. Cette dernière ne repose pas que sur de la

39. *Toutes réflexions faites*, Le Bord de l'eau, 1947.

rationalité, mais doit être complétée par nos ressentis et intuitions, sur lesquelles nous allons revenir.

Exprimer ses émotions nécessite clarté et transparence qui sont bien souvent encore absentes des relations du quotidien. Cela peut dénoter soit d'un manque d'engagement ou de courage dans le lien aux autres, soit d'une volonté de préserver coûte que coûte l'harmonie des relations, stratégie qui, on l'a vu, nous fait paradoxalement perdre en authenticité dans les rapports humains, car nous fuyons toute discussion.

Alors, comment réconcilier audace et osmose dans nos existences ?

DIRE LES CHOSES NE SUFFIT PAS

Quelles sont nos intentions au moment où nous décidons de « dire les choses » ? Sur quoi nous fondons-nous ? Quelle place occupe l'autre dans notre démarche ? Il serait bon de se poser ces questions pour éviter d'agir sous le coup de l'impulsivité et avec précipitation. Il convient pour cela de prendre conscience de nous-mêmes.

La question de l'intention

Quand vous avez besoin de dire quelque chose qui vous tient à cœur, je vous conseille de vous demander quel est l'objectif que vous cherchez à atteindre par votre prise de parole. Êtes-vous dans une volonté de rupture avec votre interlocuteur ?

Voulez-vous au contraire arranger la situation entre vous ? Voyez-vous clairement quelque chose dont il n'aurait pas conscience ? Quelle est la raison qui vous pousse à vouloir partager vos ressentis ?

Le risque d'apporter une réponse à une question non posée

De l'intention à l'intuition, il n'y a que trois lettres d'écart et pourtant, il peut exister un fossé entre les deux.

Il est des personnes qui ressentent très fortement, dans une situation donnée, ce qu'il faudrait faire, l'attitude à adopter, la voie à emprunter, le résultat à cibler. On parle beaucoup de cette forte intuition chez les personnes très sensorielles, car elles ont de nombreux capteurs sensitifs. Elles observent avec précision les détails autour d'elles, ressentent les atmosphères des lieux, sont attentives au non-verbal et au paraverbal de leurs interlocuteurs. Tout cela agrégé, sans même qu'elles s'en rendent compte, leur livre une impression générale qui peut parfois les mener à se dire : « Il y a un truc qui cloche », « Je ne la sens pas cette personne », ou encore : « C'est ça la solution ! »

Les exemples sont légion. Écoutons ce que Rafael a à nous dire à ce propos :

Rafael : « Cela confine parfois à la spiritualité »

« Je me suis plusieurs fois demandé si je n'étais pas un peu fou à force d'anticiper ce qui allait se passer, de prédire les agissements de certains, de ressentir dans mon corps les catastrophes

à venir. Le dernier exemple en date est le décès d'un de mes proches pour lequel j'ai vécu physiquement dans mes tripes le départ juste avant qu'il nous quitte. Je ne l'ai pas dit à ma famille, justement parce que j'avais peur qu'on me prenne pour un dingue !

Je ressens tout tellement fort autour de moi en termes d'énergie que je me connecte aux autres très facilement. Mais en effet, je ne partage pas toujours ce que je ressens, car cela peut faire peur. Je ne veux pas paraître pour quelqu'un de perché, car au final je suis plutôt terre à terre. J'analyse beaucoup ce qui se passe autour de moi, je fais des liens, je mémorise et toutes ces informations matérielles et sensorielles finissent pas converger. »

Cette capacité à anticiper des difficultés pourrait apparaître très utile aux yeux de certains, mais d'autres la voient comme du catastrophisme et refusent d'entendre ces présages. Ces personnes très intuitives peuvent ainsi être désignées comme des « Cassandre » ou des oiseaux de mauvais augure, à force de prédire le pire. Mais elles peuvent tout autant avoir le *feeling* positif de ce qu'il faudrait faire pour que les choses aillent bien : un développement de produit avant-gardiste au travail, le choix d'un lieu de vie où les « ondes » seraient bonnes…

Tant qu'elles gardent leurs intuitions pour les guider elles-mêmes, cela se passe très bien. La situation se corse lorsqu'elles décident, poussées par leur élan instinctif, de les partager avec les autres, sans s'être demandé au préalable quelle était leur intention ce faisant.

Samia : entre clairvoyance et précipitation

> *« Quand mon amie est retombée dans un schéma de relation toxique qu'elle avait déjà connu dans le passé, cela m'a paru impossible que je me taise. De l'extérieur, c'est toujours plus facile de voir ce qui cloche dans le comportement d'une personne. En l'occurrence, je voyais bien que son nouveau compagnon ne la traitait pas comme il se devait. Il était inconstant, sa communication était floue, il fuyait, ne savait pas vraiment ce qu'il voulait. Ce n'était pas un mauvais bougre, mais il n'était pas clair sur ce qu'il recherchait dans cette relation.*
>
> *Je n'avais pas envie que mon amie souffre de nouveau. Moi qui demande toujours à mes propres amies de me dire lorsqu'elles ne sentent pas quelqu'un que je fréquente, j'ai supposé qu'il lui serait utile qu'elle sache ce que je ressentais à l'égard de ce mec.*
>
> *Mauvaise idée ! J'ai sauté à pieds joints dans ce fameux triangle de Karpman*[40] *dont ma psy m'avait parlé ! Vous savez, c'est ce jeu psychologique dans lequel on est, à tour de rôle, sauveur, persécuteur et victime. J'ai voulu la sauver, elle me l'a reproché et je suis moi-même devenue victime.*
>
> *Au final je l'ai braquée et notre relation s'est effritée. Ma psy me dit que je lui ai volé sa responsabilité dans cette situation. »*

40. Stephen Karpman, figure de l'analyse transactionnelle, parle de ce triangle pour la première fois en 1968.

Je trouve que ce témoignage fait écho à un passage du téléfilm *À la folie*[41] où Marie Gillain incarne Anna, une jeune femme piégée dans une relation d'emprise. Son amie proche, Magalie, jouée par Andréa Bescond (qu'on sait très engagée dans la lutte contre les violences faites aux femmes, qu'elles soient physiques ou psychologiques), débarque un jour avec un autre ami chez la protagoniste, décidée à la convaincre qu'elle ne peut pas rester dans cette relation. Elle lui dit savoir pertinemment qu'elle prend des antidépresseurs (poussée par son compagnon qui l'a convaincue qu'elle ne va pas bien), qu'elle est devenue obsédée par le fait de perdre du poids (car il la trouve trop grosse), qu'elle en a assez qu'elles ne se disent plus les choses franchement et qu'elle doit quitter ce compagnon nocif. La concernée réagit très mal, car elle n'est pas en mesure de prendre le recul nécessaire sur sa situation, étant totalement sous l'emprise de Damien. Elle nage en pleine confusion face à cet amoureux qui l'assomme d'injonctions contradictoires, comme lorsqu'il lui apporte un croissant au lit qu'il la force à avaler alors qu'il lui reproche dans le même temps d'avoir forci. Elle a besoin de temps pour prendre conscience, petit à petit, de ce qui lui arrive. L'électrochoc par la transparence recherchée par Magalie la braque, car elle ne voit pas qu'elle lui veut du bien. Ce qu'elle voit au contraire, c'est tout ce qu'elle va perdre en quittant son compagnon qui a su se rendre indispensable en contrôlant tous les aspects de

41. Téléfilm réalisé en 2022 par Andréa Bescond, disponible sur la plateforme de replay du groupe M6.

sa vie. Elle mesure certainement déjà le chemin qu'elle aura à parcourir pour se sortir de cette expérience et recouvrer son estime d'elle-même. C'est vertigineux.

Alors, qu'aurait dû faire Magalie ? Y aller lentement, planter des graines, laisser à Anna sa liberté de choix, tout en prenant le risque qu'elle s'abîme encore plus ?

Je crois qu'il faut en revenir à l'intention de départ de Magalie : que son amie sorte de cette situation.

Les moyens : l'en sortir de force ou la laisser s'en sortir seule ? C'est là que les avis divergeront certainement.

Le problème dans la situation présente est que le lien entre les deux femmes est rompu à la suite de cette dispute, donc l'objectif n'est clairement pas atteint. Si c'était à refaire, il faudrait certainement que le personnage joué par Andréa Bescond explique à Anna en quoi elle est inquiète pour elle, qu'elle partage donc avec elle ses ressentis, sans monter dans les tours ou faire preuve d'agressivité, pour privilégier l'atteinte du résultat.

George Elliot écrivait sur l'amitié que c'est « le confort de n'avoir ni à peser ses pensées, ni à mesurer ses mots », mais il semblerait que cela ne fonctionne pas en toutes circonstances. Il faut d'abord s'assurer que votre interlocuteur a la disponibilité d'esprit pour vous écouter et vous entendre.

La sagesse serait-elle d'accepter de ne pouvoir tout dire ?

Il arrive que la personne en face se protège de cette réalité dont elle ne veut ou ne peut pas encore prendre conscience. Donc si vous vous mettez à partager vos ressentis fortement nourris d'intuitions, vous risquez de devenir la mouche du coche, surtout si vous insistez.

Ce témoignage relevé sur les réseaux sociaux est là pour en attester :

> **Lire les autres trop facilement**
>
> « Voir clairement quelque chose et le pointer du doigt de façon répétée, sans relâche et en demandant l'approbation des autres, peut détruire des relations. Un équilibre doit être trouvé pour vivre avec les autres. Mais ce n'est pas facile de lâcher, car mon analyse de risque est quand même utile et toujours avérée ! Au travail, cette qualité est très appréciée, beaucoup moins en amitié. »
>
> Compte Instagram « Autistic Book Club ».

Cela peut sembler évident pour certains qu'on ne puisse pas tout dire, mais cela ne l'est pas forcément pour une personne avec autisme dont le besoin d'authenticité l'emporte sur le reste. Si cette valeur prime, elle ne doit pas faire oublier pour autant l'intention. Est-ce de partager ses prophéties ou de conserver la relation ? Toutes les réponses à cette question sont possibles, mais il serait constructif de se la poser avant de parler. Se demander quel objectif est poursuivi dans chaque échange… manquer cet objectif, recommencer jusqu'à ce que la posture soit juste. C'est aussi cela l'intelligence relationnelle (qui fait partie de l'intelligence émotionnelle).

Mais rassurons-nous, franchise et soin de l'autre peuvent être conjugués. J'en veux pour preuve ce message si touchant que j'avais reçu de mon parrain au moment du décès de mon père :

> **« Ton père c'était mon pote, mon frère, mon ami, tout ça à la fois. On se disait tout, sans jamais se blesser, parce que nous connaissions nos faiblesses et nos lâchetés et savions rire de nous-mêmes. »**

Il mentionne ici une condition *sine qua non* à l'accueil des paroles d'un autre et que nous avons déjà abordée précédemment : la vulnérabilité, cette bonne connaissance et acceptation de nos failles qui nous permet de ne pas nous sentir attaqués par la vérité que l'autre décide de nous asséner. Ce recul et cette conscience de qui nous sommes nous évitent de nous sentir blessés par les avis de notre interlocuteur. Si nous savons, de surcroît, faire preuve d'autodérision, alors nous risquons assez peu de prendre les choses personnellement. Nous serons même en mesure de discriminer ce qui relève de l'autre, de son propre système de croyances, de ses projections, et de nous.

Connaissance et conscience de soi

Nous sommes capables de recevoir les partages des autres à hauteur du chemin que nous avons parcouru sur la connaissance de nous-mêmes.

Quelqu'un qui a conscience de lui est mieux armé pour les échanges interpersonnels, c'est une certitude.

Cette perception de soi passe par :

- l'acceptation de ses points forts et de ses points faibles (il n'est pas question de fragilité ici) ;
- l'envie d'essayer de s'améliorer sur ses points faibles ;
- la conscience de ses propres émotions, de leurs causes et de leur impact sur les autres[42].

Bien se connaître prend du temps, une vie parfois.

Posez-vous la question de savoir où vous en êtes sur cette route et où se trouve l'autre en face de vous.

Une fois ce bilan fait, vous saurez mieux d'où vous parlez et à quel point l'autre peut accueillir vos ressentis. À partir de là, vous en viendrez peut-être à la conclusion que l'autre n'est pas prêt à vous entendre. Forcer les choses risquerait alors d'être contre-productif. Conservez le lien, et attendez que la personne se transforme, à son rythme, un peu comme avec un adolescent qui est dans sa phase de rejet, mais que vous ne voulez pas braquer, sous peine qu'il ne coupe les ponts avec vous.

---

42. Nous avons vu précédemment que ce point peut poser des difficultés à certaines personnes neuroatypiques.

Les adultes, comme les ados, ont parfois besoin de garder leur jardin secret. Ils pourraient être gênés par le fait que vous lisiez en eux comme dans un livre ouvert. Certains parmi vous ont, en effet, cette capacité à ressentir très fort ce que les autres vivent. Leur angoisse devient la vôtre, elle se matérialise même physiquement parfois chez vous. Si l'autre reçoit en retour votre anxiété, alors c'est le cycle infernal. Cette surempathie doit rester une source d'information pour vous, mais il est bon que vous puissiez prendre une certaine distance vis-à-vis des émotions des autres pour qu'elles ne vous contaminent pas, car cela ne doit pas compliquer vos relations. L'intuition doit rester une aide, non une entrave dans votre lien à l'autre. D'où la nécessité parfois de ne rien dire… aussi triste que cela puisse paraître.

Quand l'empathie entre en je(u)

Il n'y a donc pas seulement à dire, mais aussi à écouter. Cette écoute active est le levier principal de l'empathie. Nous avons parlé précédemment d'empathie cognitive et émotionnelle. Leur point commun est la capacité à capter ce qui se passe chez l'autre, que le capteur activé soit cérébral ou émotionnel. Mais nous ne pouvons pas nous limiter à une écoute passive de ces signaux. Il est important de nous assurer que nous avons bien compris quelle est la réalité de la personne en face de nous.

Prendre conscience du cadre de référence

On pense souvent à tort qu'être objectif c'est être rationnel. L'héritage (mal compris ?) de Descartes est encore bien présent.

On imagine donc que nos décisions doivent être prises de façon froide et réfléchie, indépendamment de toute charge émotionnelle. Bien sûr, dans certaines circonstances, cela semble utile de savoir se détacher de ses émotions pour résoudre un problème. Les métiers financiers exigent cela par exemple. Mais, avez-vous déjà essayé de prendre une décision en remplissant une colonne de signes « plus » et une colonne de signes « moins » ? Cette stratégie vous permettra *a minima* de faire un choix en couchant sur le papier les avantages et les inconvénients d'une situation. Toutefois, s'il y a autant de « plus » que de « moins », comment allez-vous faire votre choix ? Au *gut feeling* comme disent les Anglo-Saxons ! C'est cette sensation intérieure, cette énergie dans le ventre qui va vous guider vers ce qui vous attire le plus, car on ne fait pas des choix par crainte, mais par envie ! Descartes lui-même résumait d'ailleurs très bien la différence entre choisir et décider : on choisit grâce à des arguments, on décide en fonction de notre intuition.

Pour résumer, l'objectivité consiste à tenir compte de l'ensemble des éléments en présence, qu'ils soient d'ordre factuel ou émotionnel.

Cette alliance de la raison et des émotions va donc définir ma réalité qui devient mon cadre de référence, les lunettes à travers lesquelles je vois le monde. Et la plus grande difficulté dans la vie, je crois, est de réaliser que l'autre ne voit pas la même chose que nous. C'est ce que ma cliente Nora a retiré de sa thérapie de couple et qu'elle a accepté de partager ici.

Nora et Léon : thérapie de couple et prise de conscience

« Avec Léon, cela ne fonctionnait plus. Je l'ai donc convaincu de faire une thérapie de couple.

Tout se déroulait convenablement jusqu'à ce qu'il s'emporte lors de la deuxième séance en disant au psy que de toute façon, ça ne marcherait jamais car je vois toujours les choses à ma façon !

Ce à quoi le thérapeute a répondu que c'était normal et il a pris l'exemple suivant :

"Imaginez que vous êtes tous les deux dans la rue et que quelqu'un qui traverse la route se fait renverser par une voiture. Les secours et les gendarmes se rendent sur place et vous interrogent sur le déroulé des faits. Vous aurez forcément chacun une version quelque peu différente. Nora, vous indiquerez peut-être que la femme qui traversait la rue a été déconcentrée par un bruit soudain dans le café d'en face, tout comme vous l'avez été. Léon, vous soulignerez peut-être que le conducteur fumait au volant et n'était pas suffisamment attentif. Chacun aura vu des détails différents. Si on vous demande qui est coupable, la femme qui a traversé soudainement, ou le chauffeur distrait, vous ne désignerez peut-être pas la même personne. Vous n'aurez en tout cas pas vécu la scène de la même façon."

Cet exemple a été très fort pour nous deux et nous a permis de prendre conscience que chacun a, en effet, son propre sens de la réalité. Bon, cela n'a pas sauvé notre couple, mais cet enseignement m'a été très utile pour la suite. »

Les thérapies de couple ont ceci de vertueux qu'elles nous rappellent que l'autre n'est pas nous. Elles nous permettent de (re)découvrir la réalité de notre partenaire et de voir comment elle peut s'accorder (ou pas) avec la nôtre.

Des partis pris peuvent nous rendre moins objectifs. Nous pouvons nous laisser aveugler par ce que nous aimerions que la réalité soit, alors qu'elle est tout autre. C'est dans ces cas que nous devons nous concentrer sur les faits pour éviter que nos valeurs, nos croyances, ne viennent brouiller les cartes. Nous devons aussi nous donner à nous-mêmes de l'empathie, de l'écoute. Tant d'émotions nous traversent en une journée et que nous ne prenons pas toujours le temps d'analyser !

« Processer » ses émotions

Pourquoi êtes-vous si contrarié aujourd'hui ?

Est-ce :

- Le ton que votre collègue a employé à votre encontre dans la réunion cet après-midi ?
- L'impatience de votre compagnon ce matin lorsqu'il préparait les enfants pour aller à l'école ?
- Le déjeuner de ce midi dans un restaurant trop bruyant ?
- Ou cette fuite d'eau chez vous depuis plusieurs jours ?

Vous avez besoin de vous donner ce moment, même court, durant lequel vous « processez » ces émotions.

Cinq minutes en voiture, à pied, sur votre vélo, dans les transports en commun, sur votre canapé suffiront à faire cette toilette émotionnelle quotidienne.

Ensuite vous déciderez ce que vous voulez faire de ce qu'il s'est passé : parler à votre collègue ou votre mari ? Déjeuner ailleurs demain ? Appeler le plombier ?

Cela vous permettra de classer vos pensées et de cesser de les ruminer.

On peut aussi avoir tendance à s'appesantir sur les aspects négatifs et contrariants de sa journée, alors qu'en y réfléchissant bien, il y aura certainement aussi eu de furtifs moments de joie. Il semble donc important de se les remémorer aussi lors de cette toilette récapitulative.

On entend souvent que les pensées créent notre réalité. Cela peut être mal interprété dans le sens où nous pourrions formuler des pensées magiques qui feraient venir à nous le bonheur. Ce que certains appellent des « demandes à l'univers ». L'effet placebo peut en effet fonctionner. Mais le courant de programmation neurolinguistique nous enseigne surtout que revisiter des événements et les regarder sous d'autres angles peut nous aider à diminuer notre anxiété et nous habituer à plus d'optimisme. Pour ce courant comportementaliste, le langage structure notre façon de penser et véhicule nos représentations du monde. Le dialogue intérieur que nous avons avec nous-mêmes concernant nos ressentis compte donc énormément. Il en est de même avec notre entourage.

Faire écho chez l'autre

Un autre courant de pensée, la systémie, nous apprend aussi que faire toujours « un peu plus de la même chose » n'apporte jamais un résultat différent. Prenons l'exemple de l'enfant que vous punissez parce qu'il n'a pas rangé sa chambre. Est-ce que le punir plus fort va vous permettre d'atteindre votre objectif ? Il pourrait être intéressant de sortir du registre de la punition pour envisager d'autres moyens d'action. Mais souvent, on poursuit sur la même lancée car cela a fonctionné jusqu'à présent, car on ne sait pas faire autrement ou parce que nous suivons nos principes qui se sont rigidifiés au fil du temps.

Si vous n'êtes pas convaincu, je vous invite à lire le témoignage suivant sur un autre exemple au sein de la cellule familiale :

Marie : accepter de faire un 180 degrés

« Quand notre fille a commencé à faire de l'anorexie à l'adolescence, notre réflexe avec mon mari a été de la forcer à manger. Cette stratégie n'a fait qu'aggraver la situation. Plus on lui demandait de manger et moins elle mangeait. On s'agaçait et son malaise grandissait.

En plus, on me disait que souvent la fille cesse de s'alimenter quand elle a un problème relationnel avec la mère. Donc je culpabilisais et je lui disais qu'elle me faisait de la peine. J'ai compris plus tard qu'en faisant cela, j'alimentais (vous me pardonnerez ce jeu de mots) le problème.

Heureusement, une amie m'a conseillé de consulter un thérapeute en approche systémique stratégique qui m'a ouvert les yeux et m'a proposé de pivoter sur moi-même, de faire un 180 comme on dit. C'est-à-dire qu'au lieu de la forcer à manger, nous avons accepté qu'elle puisse ne pas manger grand-chose. Nous avons cessé d'en faire le sujet central de nos discussions et j'ai laissé ma fille revenir doucement vers moi pour me parler. Petit à petit, elle s'est mise à me dire qu'elle avait l'impression que je ne m'intéressais pas vraiment à sa vie. A priori, *le fait de cesser de s'alimenter était donc une façon pour elle d'attirer inconsciemment mon attention.*

Je ne vous dis pas que cela a été facile à entendre, mais j'ai dû reconnaître que je passais beaucoup de temps à m'occuper de son frère qui avait d'énormes difficultés d'apprentissage à l'école.

Ce qui est sûr, c'est que si on avait continué de la forcer, on serait allés droit dans le mur. »

Si Marie connaissait son intention (que sa fille remange), elle n'avait pas pensé à la stratégie qui lui permettrait d'atteindre son objectif. D'où le terme « approche systémique stratégique » qui consiste à regarder un problème dans sa globalité : qui fait quoi ? À qui ? Dans quelles circonstances ? Cela permet de tenir compte d'un système, dans ce cas précis familial, où des boucles interactionnelles se créent. On s'assure de l'objectif à atteindre et on évite d'entretenir le problème, même (surtout) quand on pense bien faire. Le thérapeute a ainsi aidé Marie à voir que les tentatives de solutions qu'elle mettait en place avec son mari empiraient la situation. Il l'a, par ailleurs, menée à s'interroger sur la réalité de sa fille, à essayer de comprendre ce qui se passait en elle. Cela a permis à Marie d'ajuster son discours vis-à-vis de sa fille et de passer de « tu me fais de la peine » (jugement) à « je m'inquiète pour ta santé » (compassion). Ce faisant, elle a recréé un espace de sécurité qui se construit avant tout sur une connexion interpersonnelle. Pour que le comportement de leur fille se modifie, il était nécessaire qu'un changement minimal se produise au sein du système familial.

L'ÉCOLE DE PALO ALTO

C'est le plus ancien modèle systémique. Cette « école » s'est développée en Californie, dans les années 1950, autour du Mental Research Institute (MRI). Sa figure de proue est Gregory Bateson, accompagné de sa femme (qu'on oublie souvent !) Margaret Mead, tous deux anthropologues. Leurs travaux vont constituer le corpus des thérapies brèves dont le but est la résolution de problème. Leur parti pris principal consiste à découvrir les tentatives de solution mises en œuvre par les acteurs de la situation problématique et qui ont mené à entretenir le problème. C'est pourquoi, au cours de ces thérapies, un nouveau cadre de référence sera proposé au client afin qu'il agisse différemment de d'habitude, pour interrompre la séquence.

L'approche systémique stratégique se penche donc sur le rapport à la réalité de chaque être humain et sur la manière dont nous pouvons être pris au piège dans nos propres constructions de cette dernière.

La conscience de soi, c'est aussi cela : comprendre le rôle que nous jouons dans les relations. Pas victime, pas coupable, mais responsable. On a pris l'habitude, par glissement, d'entendre la notion de « faute » dans la définition de la responsabilité, alors qu'il n'en est rien. Être responsable, c'est être conscient de notre impact, notamment au niveau émotionnel, dans les relations que nous établissons avec les autres.

À RETENIR

Exprimer ses émotions implique d'être conscient de ses ressentis et de ceux des autres :

- Quels sont les déclencheurs de mes émotions ?
- Quels sont les impacts de mes émotions sur les autres ?
- Est-ce que les autres sont en mesure de recevoir mes partages de ressentis ?

Il peut être difficile pour certains membres de la population neurodivergente d'accéder à cette conscience. C'est pourquoi réfléchir à l'intention qui est la leur lorsqu'ils partagent leurs ressentis peut être salvateur.

Cela doit être couplé, dans la mesure du possible, à un questionnement sur le cadre de référence et sur la réalité de l'autre, sous peine de ne pas être compris lorsque les ressentis seront partagés.

EXPRESSION ÉMOTIONNELLE SANS CONSCIENCE DE SOI N'EST QUE RUINE DE L'ÂME !

Ce que met aussi en exergue le courant systémique, c'est la triade ressentis – pensées – actions qui nécessite un minimum de cohérence pour se déployer.

Nous avons déjà parlé du rapport entre nos ressentis et nos pensées, mais non du rôle joué précisément par le langage comme lien direct entre nos ressentis et nos actions. Comment ces dernières se conjuguent-elles avec une expression émotionnelle réussie, à savoir qui privilégie la qualité de nos relations et notre bien-être ?

« On ne peut pas ne pas communiquer »

On doit cette phrase à Paul Watzlawick, autre figure de l'École de Palo Alto. Elle signifie que même lorsque nous ne communiquons pas, c'est une forme de communication : un silence peut en dire long ; notre non-verbal peut aussi nous trahir. Dans ces circonstances, autant faire preuve d'authenticité. Mais gardons en tête que nous communiquons aussi en fonction de notre niveau de conscience de nous-mêmes.

Bas les masques

C'est pourquoi il semble important de faire un retour sur soi, car la connaissance ou l'ignorance que nous avons de nous-mêmes conditionne nos relations. Mais cela signifie quoi, au juste, être authentique ?

COMMENT ÊTRE AUTHENTIQUE ?

1. N'essayez pas de vous présenter sous votre meilleur jour ou de jouer un rôle.
2. Reconnaissez et acceptez vos qualités et vos failles (c'est la définition de l'amour-propre).
3. Cultivez votre naturel, alignez-vous avec qui vous êtes.

Tomber le masque va vous permettre de vous libérer et d'alléger ce faux self[43] social, masque que vous portez pour vous protéger des autres. Si vous fendez un tant soit peu l'armure, elle sera moins lourde à porter et en desserrant les mailles de la cotte, elle pourra laisser passer un peu de lumière. Cela ne veut pas dire que vous devez abandonner vos barrières de protection, mais pour être authentique, vous avez besoin de les réduire.

Savoir mieux estimer qui vous êtes va donc vous mener vers plus de bien-être et plus de conscience des décisions que vous prendrez. C'est de nouveau la fameuse triade ressentis – pensées – actions. Si vous êtes attentif à ce que vous ressentez et aux déclencheurs de vos émotions, vous en apprendrez plus sur vous. Ensuite, vous devrez aussi porter attention à ce que vous vous dites de vos ressentis, la façon dont vous vous parlez intérieurement et dont vous vous jugez. Vous devez prendre conscience que vous prenez vos décisions en fonction de ces ressentis. S'ils sont pollués par des pensées teintées de pessimisme et s'ils sont

43. Concept théorisé dans les années 1960 par le pédiatre et psychanalyste britannique Donald W. Winnicott.

les fruits d'une vision de la réalité non objective, vos actions en porteront la trace. Vos émotions vous donnent ainsi l'occasion d'un lieu de rencontre avec vous-mêmes où vous prenez la responsabilité de vos décisions et de vos actions.

L'estime de soi peut donc mener au bien-être car nous devenons clairvoyants sur nous-mêmes. Cela vient éclairer la formule suivante qui peut surprendre : « Les personnes qui manquent de confiance en elles sont dangereuses. » On a l'impression que c'est une double peine pour elles : non seulement elles n'ont pas confiance, mais en plus elles sont dangereuses ! En réalité, ce que cette phrase veut dire c'est qu'à mal estimer qui nous sommes, nous prenons de mauvaises décisions pour nous-mêmes. D'où l'intérêt de sans cesse se remémorer ses accomplissements, ses victoires, les défis relevés, les avancées faites. Tout en restant très lucides sur nos petites faiblesses. Mais les reconnaître ne signifie pas ne pas avoir confiance en soi. C'est tout l'inverse ! Cela montre que vous acceptez qui vous êtes.

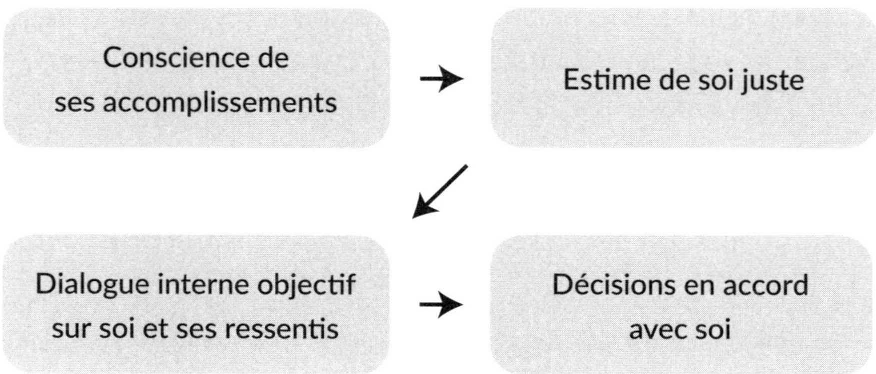

Une fois cette perception de soi affinée, et pour obtenir une vision objective sur ses émotions, il est possible d'utiliser un langage qui permet de corriger des expériences émotionnelles. Il est clair qu'il est plus simple de faire ce travail avec un accompagnant qui saura rentrer dans votre champ lexical tout en choisissant les bons mots et les bonnes expressions qui vous aideront à voir ce que vous ressentez ou avez ressenti sous un angle nouveau.

LES EXPÉRIENCES ÉMOTIONNELLES CORRECTRICES

Il est possible de réévaluer une émotion pour la réguler. Le but est de modifier la représentation d'une situation de sorte à ce qu'elle perde chez la personne sa signification émotionnelle. Il en résulte une évolution de la perception chez cette dernière.

Pour cela, vous pourrez :

- utiliser des métaphores pour parler à certains cerveaux qui naviguent facilement dans des univers imaginaires ;
- user de paradoxes, d'aphorismes (formulation brève et symétrique : « À trop vouloir contrôler, on ne contrôle plus rien ») qui provoqueront des prises de conscience ;
- reformuler ce que la personne ressent en modifiant à la marge certains termes afin de la mener vers d'autres représentations (c'est une technique de recadrage), etc.

Tout le monde n'a pas la possibilité de suivre un accompagnement pour mettre en place des réévaluations cognitives, me direz-vous. Alors comment se débrouille-t-on seul ? En faisant un travail d'introspection, cette descente en vous-même qui vous aidera à trouver les bons mots afin de décrire ce que vous vivez.

Vous reprendrez bien un peu de congruence ?

Rappelons qu'il y a une émotion, l'attention que nous portons à cette dernière, l'évaluation que nous en faisons et enfin la réaction que nous décidons d'avoir face à cette émotion. La dimension motrice de l'être humain est donc essentiellement émotionnelle. Ce travail d'introspection a pour but de donner de la cohérence à vos actions qui vont découler de vos émotions revisitées et de vos pensées revues en fonction.

La conscience de soi désigne donc aussi le recul que nous avons (ou que nous devrions avoir) sur ce que nous faisons. Et la vérité de ce que nous avançons doit aussi se voir dans nos actes. Tout cela doit être aligné si nous voulons être à la fois compris et suivis dans nos actions. Cela pourrait être résumé dans le proverbe indien « Marche ta parole ». Ainsi, la sincérité serait d'agir en fonction de ce qu'on dit et de penser ce qu'on dit. C'est ce qui fait que les autres nous font confiance, car ils voient que nous sommes cohérents.

Se regarder dans un miroir, approfondir la perception que nous avons de nous, permet de balayer devant notre porte, de vérifier si notre échelle de valeurs est en lien avec l'identité que nous voulons façonner. Parfois, certaines de nos valeurs peuvent à première vue se contredire. Comment réconcilier par exemple le besoin de transparence dans les relations (et donc dans la parole) avec le respect d'autrui ?

L'acteur François Cluzet, interrogé dans l'émission « Le Papotin »[44], en parle en ces termes :

> « C'est vrai que moi je suis spontané, c'est-à-dire quand on me dit :
>
> **"Qu'est-ce que vous pensez de machin ?"**
>
> et que machin je peux pas le souffrir parce que je le trouve médiocre, je dis :
>
> **"Je pense qu'il est médiocre."**
>
> Et évidemment ça ne se fait pas, il vaudrait mieux tous se respecter... mais enfin bon... à un moment donné, la parole fait du bien et il faut dire ce qu'on pense. »

Il fait référence à ses propos sur Fabrice Luchini à qui il reprochait sa prise de parole critique vis-à-vis du gouvernement pendant la crise de la Covid. Il s'en était aussi expliqué dans l'émission « En aparté »[45] où la journaliste Nathalie Lévy lui avait fait avouer que le vrai problème derrière cela était que F. Cluzet n'appréciait guère le manque de générosité dans le jeu d'acteur de F. Luchini. Comme il place cette dernière comme

---

44. Diffusée sur France 2 le 10 février 2024.
45. Diffusée sur Canal+ le 22 mars 2022.

valeur cardinale, il sort de ses gonds lorsqu'elle est bafouée et ne mâche alors pas ses mots. Il reconnaît que, dans ces moments, cela lui arrive à lui aussi « d'être con ». Mais il ne regrette pas pour autant ses paroles, car il dit « le penser ouvertement ». Dans son emportement, il conserve donc une forme de cohérence dans l'échelle de ses valeurs. Mais revenons-en au « Papotin ». Il est intéressant de relever que c'est un journaliste autiste qui lui pose la question sur son franc-parler, caractéristique bien souvent reprochée aux personnes porteuses d'autisme qui n'auraient pas les codes du langage policé… Nous avons vu précédemment que c'est une question de point de vue neurotypique. On pourrait à l'inverse leur reconnaître le courage de dire ce qu'ils pensent. Et si finalement la liberté c'était cela ? Oser dire et assumer les conséquences de ses propos ? Lorsque la parole se libère, il faut en effet en assumer toutes les conséquences. François Cluzet ne s'est pas fait que des amis en parlant ainsi de Fabrice Luchini, mais il s'en moque. Il persiste et signe. Il est droit dans ses bottes. Il s'aligne avec lui-même.

Certains objecteront qu'en demandant à Luchini d'être tolérant vis-à-vis des mesures restrictives de liberté prises par le Gouvernement pendant la pandémie de la Covid, Cluzet ne faisait pas non plus preuve lui-même de tolérance. Doit-on finalement être tolérant face aux intolérants ? Je pense, pour ma part, que la bienveillance ne doit pas nous rendre complaisants et qu'un peu d'impertinence parfois peut réveiller les esprits endormis. L'autre ne nous est ni supérieur ni inférieur, mais la symétrie des formes peut aussi nous éviter ne nous faire piétiner.

Si quelqu'un fait preuve d'agressivité à votre égard, vous n'aurez pas intérêt à monter en tension dans une surenchère agressive. Vous pourrez rester néanmoins ferme dans vos positions face à cette personne sans que votre parole s'emballe. Car la colère peut faire que nos mots dépassent notre pensée parfois, comme on a coutume de dire. Mais pas seulement, les généralisations dans notre langage peuvent faire aussi beaucoup de mal. Je me souviens de ce témoignage d'un client à ce sujet :

Louis : quand l'exagération fait mal

« Avec mon ex-compagnon, on se chamaillait souvent. Je faisais beaucoup d'efforts pour corriger les comportements qu'il me reprochait. Un jour, lors d'une forte engueulade, il m'a dit : "De toute façon, c'est toujours la même chose avec toi !" Il venait d'annuler en une phrase toutes les tentatives d'améliorations que j'avais mises en place. Tout ça parce qu'il n'était pas capable de reconnaître mes efforts et que son extrême exigence s'attendait à ce que je sois parfait en permanence ! Cette généralisation ne lui permettait pas d'avoir un point de vue nuancé sur la situation et de m'encourager.

Ce raisonnement, vous vous doutez bien que je ne me le suis évidemment pas fait sur l'instant. Il m'a fallu être accompagné pour comprendre l'impact de sa communication sur moi. Tout cela m'a durablement affecté. »

La remarque du compagnon de Louis a fait beaucoup de mal à leur relation. On est loin du renforcement positif qui vise à encourager l'autre dans ses efforts fournis.

Il existe d'autres formules qui prouvent que nous faisons des généralisations : « les gens sont », « tu ne fais jamais », « ils sont tous ». Le dicton populaire « ON est un con » en est une autre illustration. Il souligne que par l'usage de ce pronom indéfini « on », nous allons porter un jugement, édicter une règle, en se cachant derrière un « on » qui vole au secours d'un « je » qui n'ose pas affirmer seul son point de vue : « On doit faire des efforts dans la vie » / « On ne fait pas toujours ce qu'on veut » / « On n'a pas toujours le choix ». « Le On déploie sa véritable dictature », comme l'écrivait le philosophe Heidegger.

On utilise le « on » pour ne pas endosser la responsabilité de sa parole, car cela nécessiterait de penser sa propre pensée, de se poser des questions, de prendre du recul sur soi. Et c'est là que le bât blesse… Dans une étude réalisée par la psychologue américaine Tasha Eurich, en 2018, sur un panel de cinq mille participants[46], seulement 10 % à 15 % des personnes ressortaient comme étant conscientes d'elles-mêmes, alors que 95 % des personnes interrogées pensaient l'être ! Cet écart est dû à la différence entre l'image que nous avons de nous et celle que nous projetons et que les autres voient. Et cela se répercute sur notre langage. N'avez-vous jamais eu l'impression de vous

46. « What Self-Awareness Really Is (and How to Cultivate It) », *Harvard Business Review*, 4 janvier 2018.

être adressé à quelqu'un de façon un peu virulente alors que les personnes autour vous ont rassuré en vous disant que vous étiez resté tout à fait courtois ? Ou l'inverse ? Vous avez certainement été surpris que vos paroles blessent votre interlocuteur, alors que vous aviez l'impression d'avoir cherché l'effet opposé.

En réalité, les personnes les plus conscientes d'elles-mêmes sont celles qui vont venir enrichir leur connaissance d'elles-mêmes par les retours qu'elles reçoivent des autres. Elles comblent ainsi leurs angles morts et s'ajustent en conséquence. Leur intelligence relationnelle se développe. Il est d'ailleurs intéressant de noter qu'elles sont très demandeuses de ces avis qu'elles espèrent francs. Encore faut-il que les *feedbacks* des autres soient constructifs ! Si la personne en face n'a pas elle-même une bonne capacité de recul, elle risque d'employer un vocabulaire qui juge et heurte. Donc l'expression émotionnelle bien formulée ne peut aller sans une conscience de soi complète, c'est-à-dire à la fois interne et externe. Cette dernière nous permet de mieux communiquer nos émotions.

Les émotions sont la solution !

On comprend aisément pourquoi les entreprises sont avides de ces profils qui sont conscients de leurs points forts, de leurs axes d'amélioration et qui sont ouverts à recevoir des retours sur leur travail. Elles apprécient ces personnes qui ont le courage de faire un retour sur elles pour mieux se connaître et ainsi mieux connaître les autres ensuite. Cela leur permet, bien souvent, de prendre de meilleures décisions en tenant compte de l'ensemble d'une réalité. Être à l'affût de leurs émotions peut enfin les aider à faire diminuer leur niveau de stress.

Et dans la vie privée, c'est la même chose ! Quel meilleur binôme de vie ou ami que celui qui aura réfléchi un minimum sur lui et qui essaiera de verbaliser ses ressentis au cours de la relation, tout en étant à l'écoute des besoins de l'autre.

Loin d'être un problème, nos émotions sont en réalité LA solution.

Les émotions comme boussole de notre conscience

Pourtant, nous continuons très souvent de leur faire un procès ! Elles seraient la cause de nos maux, mieux vaudrait ne pas les écouter pour être tranquilles et insensibles. Si nous pensons, à tort, que nos émotions sont nos ennemies, c'est parce que dans le travail d'introspection que nous réalisons – et dont nous parlions précédemment –, nous nous posons souvent la mauvaise question du « pourquoi » au lieu de se demander « qu'est-ce qui fait que ». Il nous est, en effet, très difficile de répondre à la question des causes, car la plupart de nos actes et de nos pensées relèvent d'un processus inconscient.

Remplacer « pourquoi ? » par « qu'est-ce qui ? »

Au lieu de : « Pourquoi est-ce que je suis triste ? »

Pensez à : « Qu'est-ce qui m'a rendu triste ? »

Cette question en entraîne d'autres en cascade auxquelles il vous faudra répondre :

« Quel a été le déclencheur de mon émotion ? » → « Qu'est-ce que cela est venu toucher (comme valeur) en moi ? »

« À quoi est-ce que cela me renvoie (comme expérience passée) ? » → « Est-ce que je me retrouve fréquemment dans ce schéma de pensée ? »

La question du « pourquoi » nous renvoie au passé ; celle du « quoi » nous projette vers l'avenir et nous aide à dessiner des solutions pour sortir de ces cercles de pensée récurrents.

Vous ne pouvez pas imaginer à quel point je suis touchée par les clientes et clients (et je dois dire les clients tout particulièrement, car je mesure ce que cela a pu leur coûter d'entreprendre des démarches de réflexion sur eux) qui me disent que ce processus de réflexion interne les a fait grandir, se rapprocher d'eux et de ce qu'ils veulent être.

À l'inverse, je suis toujours peinée de réaliser que certains, bien qu'ils se lancent dans un processus de réflexion interne, préfèrent rester dans une posture de jugement vis-à-vis de ceux qui les entourent, ce qui, bien souvent, entache leurs relations et les rend moins conscients d'eux-mêmes, concentrés qu'ils sont à parler des autres.

Alors, bien évidemment, il n'est pas aisé d'observer sans juger. On juge tous. Mais on peut apprendre à se concentrer sur soi plutôt que sur les autres. On peut aussi se mettre dans une posture où nous écoutons pour comprendre ce qui motive, anime, contrarie, bloque notre interlocuteur. Nous pouvons éprouver de la compassion pour sa colère, son incapacité à se tourner vers plus de douceur, ce qui le relierait pourtant plus facilement aux autres.

Carl Rogers, psychologue américain, fondateur de l'approche centrée sur la personne, résumait les choses ainsi : « J'aimerais vous proposer comme hypothèse [...] que la plus grande barrière qui s'oppose à une communication mutuelle interpersonnelle est notre tendance toute naturelle à juger, à évaluer, à approuver ou désapprouver les dires de l'autre personne. » Dans cet extrait de son ouvrage *Le Développement de la personne*[47], les principes de la Communication NonViolente sont déjà en germes chez celui qui deviendra, d'ailleurs, le père spirituel de Marshall Rosenberg.

Que veut-il nous dire par là ? Que le fait de juger, qui est pourtant naturel, ne va pas dans le sens de l'entretien de la relation. En CNV, c'est le fameux « tu » « qui tue » qui est l'indicateur que nous sommes en train de critiquer l'autre au lieu de parler de nos besoins qui se traduisent par des émotions.

Prenons l'exemple d'une maman qui est inquiète pour sa fille qui ne travaille pas suffisamment à l'école. Elle peut choisir de s'adresser à elle ainsi : « Tu fais le strict minimum, c'est pas comme ça que tes notes vont remonter. Tu es privée de sortie jusqu'à nouvel ordre ! » Elle choisit d'exprimer son émotion d'inquiétude par un reproche, doublé d'une punition. Elle

47. Dunod, 1968.

pourrait, de façon alternative, lui dire : « Je suis inquiète de voir tes notes baisser. Est-ce que tu sais à quoi c'est dû ? Comment puis-je t'aider ? » Elle choisit ici de faire part de son émotion, tout en restant factuelle et en proposant son écoute pour tenter de trouver des solutions avec sa fille. Le résultat cherché, à savoir que les notes remontent, est le même, mais il risque d'être plus facilement atteint dans le second cas, car elle aura pris le temps de l'échange, sans jugement, ni colère. Elle fait alliance avec sa fille et lui offre un endroit d'échange en toute sécurité. Disons que la mère décide ici de préserver la relation et que cela ne signifiera pas pour autant qu'elle ne parviendra pas à ses fins. Elle fait d'une pierre deux coups.

À l'inverse, quand la relation nous importe peu, ou que nous n'avons plus rien à perdre, nous pouvons nous lâcher à dire les choses de façon très directe. Quel meilleur exemple que le film *Deux jours à tuer* (2008), dont le personnage principal, Antoine, incarné par Albert Dupontel, se sait mourant et décide de dire tout ce qu'il pense à son entourage afin de se faire détester pour ne pas être regretté. Il a cette phrase, au cours d'une réunion de travail avec son client, qui me met toujours les larmes aux yeux : « Pourquoi est-ce qu'à chaque fois que quelqu'un parle avec un minimum de sincérité, tout le monde le trouve dingue ? » Elle m'émeut, car il sait qu'il va quitter son emploi et qu'il ose enfin dire ce que tout le monde pense autour de la table à propos d'une campagne publicitaire sur laquelle ils travaillent depuis des semaines. Mais faut-il attendre de démissionner, de divorcer, de tomber malade pour avoir le courage de dire tout haut ce que tout le monde pense tout bas ? Est-ce à dire qu'on ne peut oser que lorsqu'on n'a plus rien à perdre ? Qu'on se moque des conséquences ? C'est d'ailleurs sur ce ressort que jouait aussi une publicité de la Française des Jeux, en 2002, rendue célèbre par son slogan « Au revoir, au revoir président », scandé par Pierre, ce salarié qui vient de gagner au Loto et qui passe dire au revoir à son patron en réunion avec le reste de l'équipe, vêtu seulement d'un caleçon, d'une cravate et de chaussettes. Si vous vous souvenez, Pierre porte aussi un masque. Signe qu'il n'ose pas encore totalement avancer démasqué, à l'instar de beaucoup de salariés qui, au moment de quitter leur entreprise, taisent encore certains agissements répréhensibles de toutes natures dont ils ont pu avoir connaissance. Ils craignent, en effet, d'être pénalisés dans leurs futurs emplois et n'osent pas se lâcher.

Dans de nombreuses professions, la parole a longtemps été muselée. Mais on assiste aujourd'hui à une libération de cette dernière dans la société, notamment à propos des agressions sexuelles. À l'heure où j'écris, Judith Godrèche vient de prendre la parole à la cérémonie des Césars de février 2024. « Je parle, mais je ne vous entends pas », a-t-elle lancé à l'assemblée. Elle a tenté d'ouvrir la voie et le fait par amour de son art, pour qu'il ne soit pas utilisé comme « une couverture pour un trafic illicite de jeunes filles ». Albert Dupontel, alias Antoine, le faisait aussi par amour de ses proches.

Comme quoi on peut être vulnérable, déterminé, courageux, et faire tout cela avec amour, en étant tout simplement soi-même.

Être soi-même

« Quand nous communiquons nos émotions avec honnêteté, on finit par s'aimer davantage, car il faut beaucoup de courage pour risquer le rejet. » Ces mots sont ceux de la coach new-yorkaise Jillian Turecki, animatrice du podcast « Jillian on Love ». Le rejet dont elle parle viendrait plus du fond que de la forme. C'est-à-dire que lorsqu'on ose dire ce qu'on ressent à une personne dont on est tombé amoureux, par exemple, on prend le risque que ces sentiments ne soient pas réciproques. De la même façon, quand on décide de dire ce qu'on ressent à une amie, un collègue, il n'est pas garanti qu'ils accueillent notre partage. Donc la démarche est intrinsèquement courageuse.

Mais la forme que nous employons pour dire telle ou telle chose compte bien évidemment et le rejet de l'autre peut aussi en dépendre. Honnêteté dans les propos ne veut pas forcément dire rudesse. Nous pouvons être transparents tout en restant corrects. Mais il ne faut pas non plus se cacher derrière un langage policé pour ne pas dire ce qu'on ressent ou pour ne pas être clair. S'il faut « mettre les formes », notre message ne doit pas en être moins impactant. Et il peut être impactant tout en étant constructif.

Dans le cas de figure où nous cherchons à ce que notre message passe et que nous nous moquons de perdre le lien à la personne avec qui nous échangeons, ou que notre intention est de nous engager pour une cause, de porter une parole haut et fort, la forme ne sera certainement pas la même.

LES CONDITIONS POUR POUVOIR ÊTRE SOI-MÊME DANS SON EXPRESSION ÉMOTIONNELLE

1. Endosser la responsabilité de sa parole (et les conséquences si elles nous importent).
2. Accepter la vérité des autres ou *a minima* le débat (si la relation compte pour nous).
3. Un environnement qui nous permet d'être nous-mêmes !

Au micro de Delphine Zanelli[48], Jean-Claude Le Grand, DRH de L'Oréal, mentionné précédemment à propos de sa dyslexie, exhorte les salariés à rester eux-mêmes au sein de leurs entreprises, à aller chercher le *feedback*, la confrontation d'idées, et il s'étonne que chacun ne le fasse pas spontanément. Il est évident que c'est la posture la plus confortable et que chacun rêve d'une entreprise qui la facilite. Mais, si c'est le cas chez L'Oréal comme le soutient M. Le Grand, ce n'est malheureusement pas la règle partout. J'ai vu de nombreuses personnes recrutées pour leur courage et remerciées pour la même raison, sans que leur communication ait péché pour autant. La raison est encore et toujours celle de la vulnérabilité des personnes au pouvoir. Si elles n'acceptent pas la contradiction, cela rend toute innovation ou singularité compliquées à développer ou incarner. En résumé, la capacité à innover est appréciée en entretien, mais ensuite en interne, elle se heurte au trop connu « on n'a jamais fait cela avant ».

48. Podcast « L'entreprise de demain », épisode « Être soi-même en entreprise », 15 février 2024.

C'est pourtant une tendance forte dans les entreprises aujourd'hui de laisser la place à plus de diversité parmi les salariés. Si cette dernière est cognitive, elle implique forcément une façon différente de communiquer et de se relier à ses émotions, nous l'avons vu. Les personnes neurodivergentes qui se sont fait bousculer dans le monde du travail sont malheureusement légion. C'est pourquoi, parfois, elles ont préféré la voie de l'indépendance professionnelle pour avoir, notamment, la liberté de s'entourer de personnes qui sont aussi franches qu'elles. Mais attention, ce n'est pas forcément la clé d'une collaboration réussie ! Chez les personnes neuroatypiques, la sensibilité est bien souvent exacerbée, ce qui peut parfois complexifier les relations. Quand c'est le cas, prendre du recul sur son intention et celle de l'autre dans l'expression des émotions aidera toujours à apaiser les tensions.

Je terminerai en faisant référence, de nouveau, à un film connu de ma génération, *Le Cœur des hommes*. Le personnage de Manu, incarné par Jean-Pierre Darroussin, certainement le plus philosophe de la bande, soumet à ses comparses la question suivante : « Qu'est-ce que je ferais si j'étais moins con ? » Il voulait par-là même les inciter à réfléchir à l'impact de leurs émotions et de leurs actes sur les autres, notamment les femmes, qu'ils ne traitaient pas toujours avec respect.

À RETENIR

Une juste estime de soi est le point de départ d'une bonne expression émotionnelle. C'est elle qui vous permet de bien comprendre les émotions que vous ressentez.

Le langage va aussi jouer un rôle pour revisiter vos émotions et les vivre autrement :

- Quels sont les déclencheurs de vos émotions ?
- Quels sont les impacts de vos émotions sur les autres ?
- Est-ce que les autres sont en mesure de recevoir vos partages de ressentis ?

Être conscient de soi nécessite aussi de se débarrasser de ses oripeaux, d'accueillir les *feedbacks* de notre entourage et de se poser les bonnes questions avec humilité. La conscience de soi est à la fois interne et externe.

Les émotions sont, en réalité, les seules à pouvoir vous guider dans le dédale de vos ressentis qui encombreront, ou faciliteront, c'est vous qui choisirez après la lecture de ce livre, vos relations.

N'oubliez pas non plus le but que vous recherchez : se battre pour une idée ? Respecter la relation ? Vous faire entendre ?

Conclusion

« Je ressens, donc je l'exprime d'une façon qui me permet de respecter ce que je suis et la personne qui est en face. »

Ainsi pourrait-on résumer les pages qui précèdent.

J'espère qu'elles vous auront permis de trouver les clés pour répondre à votre besoin de Transparence, tout en faisant preuve de Tact. La règle des « 2T » en quelque sorte.

Surtout, dans cet exercice d'équilibriste, donnez-vous le droit à l'erreur ! C'est tout un art d'avoir du tact. On peut ne pas arriver systématiquement à transmettre clairement, de façon respectueuse, un message qui nous tient à cœur. Justement parce qu'il nous tient à cœur, donc nous y mettons de l'enjeu. Et si le seul enjeu était finalement de s'exprimer sans hypothéquer le résultat ? Sans être conditionné par ce dernier ?

« Savoir (s')aimer, sans rien attendre en retour », aurait dit Florent Pagny[49].

Vous aurez aussi certainement constaté, au fil de ces pages, qu'on atteint parfois mieux son objectif sans aller droit au but. Cela requiert de la Patience, de la Préparation, de la Prise de recul. Ces « 3P » qui peuvent parfois nous faire défaut.

Cela étant dit, je dois bien l'avouer (et cela n'engage que moi), je me tournerai toujours plus volontiers vers ceux qui osent, qui trébuchent, qui râlent, qui sont vocaux, car j'aime l'idée du défi, du challenge, qui est consubstantielle à cette expression émotionnelle.

L'expression de nos émotions, sera donc, disons-le clairement, une quête courageuse de chaque instant, sans cesse renouvelée, si tant est que nous y trouvions un sens pour nous et que nous pensions que la relation en vaut la peine.

---

49. Chanson « Savoir aimer », Lionel Florence, Pascal Obispo ©Atletico Music, 1997.

Remerciements

Aux Éditions Leduc, pour leur confiance renouvelée,

À Rémi Uzzan, fondateur d'Othentik, pour avoir accepté de rédiger la préface de cet ouvrage,

À Carly Abramowitz, fondatrice de CA Consulting Group, pour m'avoir fait connaître les inventaires d'intelligence émotionnelle,

À mes amies, qui m'ont toujours dit que j'étais cash,

À mes anciennes collègues, qui m'ont trouvée diplomate,

À ma mère, qui m'a appris à ne pas me laisser marcher sur les pieds,

À mon père, pour la douceur,

À mon frère, qui continue de dire « c'est nul » au lieu de dire qu'il « n'aime pas » quelque chose,

À sa femme, linguiste de son état, qui m'a démontré qu'on racontait n'importe quoi sur « Je pense, donc je suis » !

À Benjamin, pour son regard avisé,

À tous ceux qui osent, même si (parce que) ce n'est pas parfait !

Bibliographie

ARTICLES ET MAGAZINES

« Comment bien utiliser ses émotions ? » *Cerveau et Psycho*, mai 2017.

« Dire des gros mots est bon pour la santé, c'est la science qui le dit », revue *L'ADN*, 24 novembre 2022.

Eurich T., « What Self-Awareness Really Is (and How to Cultivate It) », *Harvard Business Review*, 2018.

Jonquères d'Oriola P., « Les autistes Asperger sont des trésors pour l'entreprise », *Welcome to the Jungle*, 16 novembre 2021.

Stange J., « Emotions in the Workplace : How to Deal with Emotions at Work », *Quantum Workplace*, 21 janvier 2021.

LIVRES

D'Ansembourg T., *Cessez d'être gentil soyez vrai ! Être avec les autres en restant soi-même*, L'Homme, 2004.

Ariely D., *We Are Predictably Irrational : The Hidden Forces That Shape Our Decisions*, Barnes & Noble, 2008.

Bouret J., *Soft Skills*, Dunod, 2023.

Damasio A., *L'Erreur de Descartes, la raison des émotions*, Odile Jacob, 1994.

Descartes R., *Le Discours de la méthode*, 1637.

Druon E., *Le Syndrome du poisson-lune*, Actes Sud, 2015.

Eurich T., *Insight : Why We're not as Self-Aware as We Think, and How Seeing Ourselves Clearly Helps Us Succeed at Work and in Life*, Currency, 2017.

Foucault M., *Le Gouvernement de soi et des autres*, t. II : *Le courage de la vérité (1983-1984)*, Paris, EHESS, Gallimard, Le Seuil, 2009.

Gazalé O., *Le Paradoxe du rire : Et si ce n'était pas toujours drôle ?*, Seghers, 2024.

Goleman D., *Emotional Intelligence : Why It Can Matter More than IQ*, Bloomsbury Publishing PLC, 1996.

Gross J., *Handbook of Emotion Regulation*, auto-édition, 2010.

Petitcollin C., *Je pense trop*, Guy Trédaniel, 2010.

Prévot-Gigant G., *Les Femmes et l'Amour. Comment bien vivre l'amour à l'heure du dating, du ghosting et du zapping*, Leduc, 2023.

Rogers C., *Le Développement de la personne*, Dunod, 1968.

Rosenberg M., *Les mots sont des fenêtres (ou bien ce sont des murs)*, La Découverte, 1999.

Sartre J.-P., *Esquisse d'une théorie des émotions*, Hermann, 1939.

RECHERCHES

Lombardo M.V., Barnes J. L., Wheelwright S. J. et Baron-Cohen S. (2007). « Self-Referential Cognition and empathy in Autism », *PLoS ONE*, 2 (9) : e883.

Price CJ., Hooven C., « Interoceptive Awareness Skills for Emotion Regulation », *Frontiers in Psychology*, 2018.

Salovey P., Mayer J.D., « Emotional Intelligence, Imagination, Cognition and Personality », Sage Publications, 1990.

Schwarz N., « Feelings-as-Information Theory », Sage Publications, 2010.

PUBLICATIONS EN LIGNE

Bouret J., « Recruter des profils atypiques, un enjeu d'adaptation et de transformation de l'entreprise », étude prospective de la chambre de commerce et d'industrie de Paris et d'Île-de-France, janvier 2023.

Cosnier J., « Psychologie des émotions et des sentiments », icar.cnrs.fr, 2015.

Faguy I., « L'adulte autiste, comment mieux intervenir auprès des adultes autistes », 2020.

Rosenberg M., « La relation de couple », conférence sur YouTube, 2020.

PODCASTS

« L'entreprise de demain », par Delphine Zanelli.

« Jillian on Love », par Jillian Turecki (en anglais).

FILMS

Becker J., *Deux jours à tuer*, 2008.

Bescond A., *À la folie*, 2022.

Canet G., *Les Petits Mouchoirs*, 2010.

Esposito M., *Le Cœur des hommes*, 2003.

Jaoui A., *Le Goût des autres*, 2000.

Serreau C., *La Crise*, 1992.

Table des matières

Les lectrices Leduc en parlent !

Ce livre tombe donc à pic ! Il m'a offert plusieurs pistes de réflexion et permis de mettre à jour mes connaissances sur les émotions et, surtout, sur la manière de les exprimer et l'importance de leur expression.

Il nous propose des exemples concrets, avec des cas de clients suivis par l'autrice. On se reconnaît dans chaque situation et on peut facilement les comparer à des expériences que nous avons vécues sur les plans personnel et professionnel. Les ressources multiples, empruntées à la culture populaire, à la psychologie ou encore aux médias, nous montrent que les émotions sont partout !

J'ai beaucoup apprécié que nous, les neuroatypiques, ne soyons pas mis sur la touche, comme dans bon nombre d'ouvrages traitant des émotions. Eh oui, que l'on soit dys-, HPI, TSA ou encore hypersensibles, nous ne ressentons ni n'interprétons pas nos émotions et celles d'autrui de la même manière et leur expression peut souvent être un réel problème ! Fanny Marais aborde cet aspect à chaque étape de son ouvrage et je la remercie pour cet éclairage qui m'a permis de mieux me comprendre sur certains points.

Pour conclure, *Je ressens, donc je dis* est un livre essentiel pour mieux comprendre et exprimer nos émotions.

Bqé Wendy (@wendybqe)

Je suis quelqu'un d'assez authentique et spontanée dans l'expression de mes ressentis, mes sentiments, mes pensées… alors ce livre m'a semblé être fait pour moi. Il m'est parfois difficile d'exprimer ce que je ressens sans mettre en péril la relation que j'ai avec mon interlocuteur.

Dans cet ouvrage, Fanny nous apprend avec beaucoup de bienveillance à concilier nos propres ressentis avec le fait de dire les choses avec tact, sans s'effacer, sans restreindre l'expression par peur d'être jugé, de bafouer quelqu'un ou de se disputer…

Un livre riche de conseils, d'expériences, d'exercices pour ne pas culpabiliser d'avoir l'impression d'être toujours trop franc avec les autres. Un livre qui mérite sa lumière, qui mérite d'être lu et découvert par tous pour ne plus se retrouver dans des situations chaotiques, mais aussi pour apprendre à mieux vivre avec les autres sans pour autant nous frustrer et renier qui nous sommes.

Sensible, fort, percutant, poignant, un coup de cœur phénoménal pour ma part !

Emy (@emysbook)

Dans notre société, la communication est essentielle. Pourtant, aujourd'hui, il est difficile de s'exprimer en toute sincérité.

Comment allier authenticité et préservation de l'autre ? C'est ce sujet qu'aborde Fanny Marais. Elle décortique les pistes qui permettent d'avoir des conversations sincères tout en gardant à l'esprit une grande empathie pour l'autre. Car être trop cash peut être violent. Être trop dans la retenue est souvent peu intéressant et peut être source de colère et de frustration. Savoir concilier finesse et authenticité présente un vrai défi. L'autrice nous parle également des personnes neuroatypiques, ce qui est un vrai plus.

Alors ce livre vous tente ?

Amandine (@zen_la_lecture)

Dans un monde où l'on doit être productif, les émotions passent souvent au second plan. Pourtant, à travers cet ouvrage, Fanny Marais nous montre qu'au contraire, nos émotions sont un atout à ne pas négliger. Plus important, si on essaye de fourrer ses émotions sous le tapis, elles finissent toujours par ressortir d'une manière ou d'une autre.

Une citation que j'ai beaucoup aimée résume très bien cela : « réprimer une émotion n'a jamais permis de l'apaiser. »

Avec l'approche de la communication non violente, cet ouvrage nous donne des clés pour mieux communiquer, notamment au travail. Utile, et à mettre dans les mains de tous (surtout de ton manager), cette lecture m'a particulièrement aidée à mieux exprimer mes ressentis.

Pour prendre un exemple concret, une technique décrite dans ce livre que j'ai trouvée particulièrement utile et simple à mettre en pratique afin de mieux exprimer ses émotions est de raisonner en termes de besoins. Les différents besoins, qu'ils soient assouvis ou non, provoquent différents sentiments. Exprimer ses besoins clairement permet de mieux se faire comprendre. Ainsi, au lieu de reprocher à ton conjoint qu'il dépense trop, fais-lui savoir que tu t'inquiètes pour vos finances et que tu as besoin d'être rassurée sur la situation.

En bref, un livre à la portée de tous pour mieux faire porter sa voix.

Chloé (@leschroniquesdechloe)

Le message de ce livre est très juste et nécessaire : il est important d'être vrai dans nos relations avec nous-même et avec les autres, et de le faire avec tact et bienveillance.

Ayant lu il y a peu le livre sur la communication non violente de Marshall Rosenberg, j'ai retrouvé ici les concepts et j'ai aimé l'approche de l'autrice qui nous permet de comprendre que personne ne détient la vérité. Chacun a sa vérité, et il faut accepter que celle des autres diverge de la nôtre.

Un livre qui nous aide à tendre vers une communication plus transparente, en nous rappelant que cela passe avant tout par une plus grande confiance et conscience de soi et par l'écoute des autres.

Coralie (@culture_kd)

Un ouvrage passionnant, qui nous emmène vers une réflexion sur la juste utilisation de la communication verbale. S'exprimer avec tact et parcimonie, en respectant notre intelligence émotionnelle et la réceptivité d'autrui n'est pas des plus faciles. Il faut trouver le bon équilibre. J'ai trouvé la démarche explicative de l'autrice remarquable, parcourant les différents aspects des échanges humains combinés aux émotions, détaillant les définitions de chaque notion avec des exemples concrets. Les personnes sujettes au TDAH ou HPI sont abordées avec beaucoup de bienveillance. Un sujet très intéressant et constructif, qui nous pousse à réfléchir, à apprendre à communiquer en toute sincérité et avec respect.

On finit la lecture avec toutes les clés en main, avec une meilleure compréhension du sujet pour équilibrer la balance des échanges et des émotions dans son quotidien. Bref, j'ai adoré !

Rozy (@cosy_rozy)

Un livre instructif et bien construit pour nous permettre de mieux comprendre nos émotions. L'autrice nous fait part de son expérience de coaching et nous encourage à faire parler nos émotions et à être nous-même. À travers des témoignages, on comprend l'importance des émotions et des différentes étapes qui peuvent nous accompagner dans la vie. À la fin des chapitres, j'ai apprécié les parties avec les conseils qui permettent de savoir comment réagir face à certaines situations ou émotions.

Plusieurs thématiques sont abordées telles que la répression émotionnelle et son impact sur le développement à l'âge adulte, l'émergence des *soft skills* dans le monde du travail, l'apparition du management émotionnel ou encore l'intelligence émotionnelle. Un livre complet pour mieux apprendre à digérer et connaître ses émotions.

L'autrice met en avant des cas pratiques et des témoignages de profils neuroatypiques et de leur rapport aux émotions. J'ai trouvé cet aspect top ! Un livre que je conseille pour ceux qui veulent en apprendre plus sur leur ressentis.

Juliette (@leslecturesdejuliette)

Cet ouvrage est composé de matériaux issus de forêts bien gérées certifiées FSC®, de matériaux recyclés et de matériaux issus d'autres sources contrôlées.

Le Forest Stewardship Council® est une organisation internationale non gouvernementale qui encourage une gestion écologiquement adaptée, socialement bénéfique et économiquement viable des forêts de la planète. Pour en savoir plus, consultez le site *www.fsc.org*

FSC
www.fsc.org
MIXTE
Papier | Pour une gestion forestière responsable
FSC® C022829

Achevé d'imprimer en août 2024
sur les presses de la Nouvelle Imprimerie Laballery
58500 Clamecy
Dépôt légal : septembre 2024
N° d'impression : 405303

Imprimé en France

La Nouvelle Imprimerie Laballery est titulaire
de la marque Imprim'Vert®